중국어의 성모

b bózi 脖子 목 bàba 爸爸 아빠	**p** pō'àn 坡岸 해안 píngguǒ 苹果 사과	**m** mòjìng 墨镜 선글라스 māma 妈妈 엄마	**f** fóxiàng 佛像 불상 fàndiàn 饭店 호텔
d Déguó 德国 독일 dàxiàng 大象 코끼리	**t** tèkuài 特快 특급 열차 táozi 桃子 복숭아	**n** ne 呢 ~은요? niǎo 鸟 새	**l** lè mǎ 勒马 고삐를 조이다 làbǐ 蜡笔 크레파스
g gēshǒu 歌手 가수 gǎnmào 感冒 감기	**k** kělè 可乐 콜라 kǎoshì 考试 시험	**h** hē 喝 마시다 hǎimǎ 海马 해마	뽀포모포 song bo po mo fo de te ne le ge ke he ji qi xi zhi chi shi ri zi ci si zhi chi shi ri zi ci si a o e i u ü a o e i u ü
j jīdàn 鸡蛋 달걀 jiànkāng 健康 건강	**q** qī 七 7, 일곱 qiānbǐ 铅笔 연필	**x** xǐshǒu 洗手 손을 씻다 xiàtiān 夏天 여름	
zh zhíxiàn 直线 직선 zhàopiàn 照片 사진	**ch** chǐzi 尺子 자 chāzi 叉子 포크	**sh** shí 十 10, 열 shāngdiàn 商店 상점	**r** rìjì 日记 일기 rén 人 사람
z zìjǐ 自己 스스로 zázhì 杂志 잡지	**c** cídiǎn 词典 사전 cāochǎng 操场 운동장	**s** sì 四 4, 넷 sànbù 散步 산책하다	

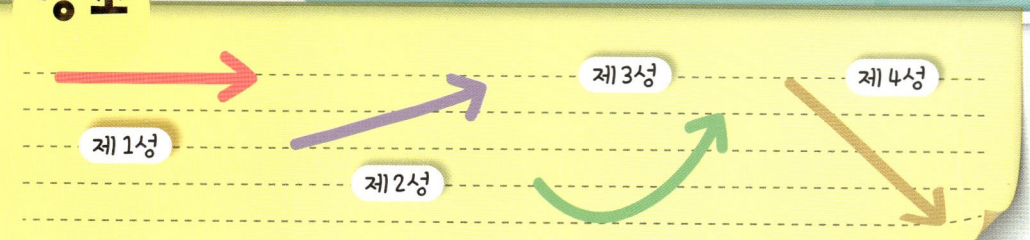

중국어의 성조와 운모

성조

- 제1성 →
- 제2성 ↗
- 제3성 ↘↗
- 제4성 ↘

운모

a	ai
ā 啊 아—	nǎinai 奶奶 할머니

ao	an	ang	o	ou
bàozhǐ 报纸 신문	mántou 馒头 찐빵	máng 忙 바쁘다	ō 哦 수탉 울음소리	tóu 头 머리

ong	e	ei	en	eng
Zhōngguó 中国 중국	é 鹅 거위	fēijī 飞机 비행기	běnzi 本子 공책	téng 疼 아프다

er	i	ia	iao	ie
ěrduo 耳朵 귀	yī 一 1, 하나	jiā 家 집	xiào 笑 웃다	yéye 爷爷 할아버지

iou	ian	in	iang	ing
niúnǎi 牛奶 우유	diànnǎo 电脑 컴퓨터	xìnfēng 信封 편지 봉투	yáng 羊 양	jìngzi 镜子 거울

iong	u	ua	uo	uai
xióngmāo 熊猫 판다	wǔ 五 5, 다섯	huā 花 꽃	wǒ 我 나	kuàizi 筷子 젓가락

uei	uan	uen	uang	ueng
tuǐ 腿 다리	chuán 船 배	wèn 问 질문하다	chuānghu 窗户 창문	wèng 瓮 항아리

ü	üe	ün	üan
yú 鱼 물고기	yuèliang 月亮 달	yúncai 云彩 구름	yuánzhūbǐ 圆珠笔 볼펜

다락원
www.darakwon.co.kr

중국어 잘하고 싶을 땐
다락원 독학 첫걸음

중국어 잘하고 싶을 땐 다락원 독학 첫걸음

서수빈 지음 | 차오팡 감수

다락원

중국어 잘하고 싶을 땐?

첫걸음에 욕심내지 마세요. 조금만 배우세요.

처음부터 너무 어려우면 작심삼일, 책을 덮어 버리기 마련이죠.
『중국어 잘하고 싶을 땐 다락원 독학 첫걸음』으로 하루에 두 문장씩,
한 달도 안 되는 20일만에 끝!

나만의 온라인 선생님을 매일 만나세요.

『중국어 잘하고 싶을 땐 다락원 독학 첫걸음』과 함께 저자 서수빈이 직접 가르치는 동영상 강의를 보세요. 동영상 강의 속에 모든 것이 담겨 있습니다.

학습 아이템을 필요할 때마다 꺼내 쓰세요.

어휘력을 높이고 싶다면 단어 카드를 한 손에 갖고 다니며 외우세요.
잘 배웠는지 확인하고 싶다면 HSK 1급·2급 단어 쓰기 노트와
워크북을 활용하세요.
한어병음 브로마이드도 벽에 붙여 놓고 자주 보세요.

> 『중국어 잘하고 싶을 땐 다락원 독학 첫걸음』을 펼친 당신은
> 중국어를 잘할 수 있는 모든 조건을 갖추고 있습니다!
> 이제는 중국어 잘할 길만 걸을 차례!
>
> 저자 서수빈

구성과 특징

본책

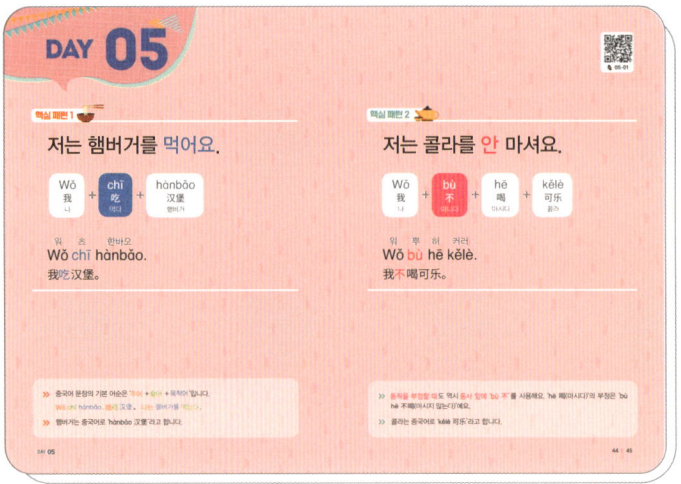

하루에 두 개 '핵심 패턴'만 공부하면 끝!

문장을 단어 단위로 나누어 문장 구조를 바로 이해할 수 있습니다. 핵심 패턴에서 알아야 할 어법 설명도 하단에서 바로 확인할 수 있습니다.

패턴에 단어만 바꿔서 술술 짜잔! 패턴 변신

제시된 단어를 핵심 패턴 1, 2에 넣어서 말해 보세요.

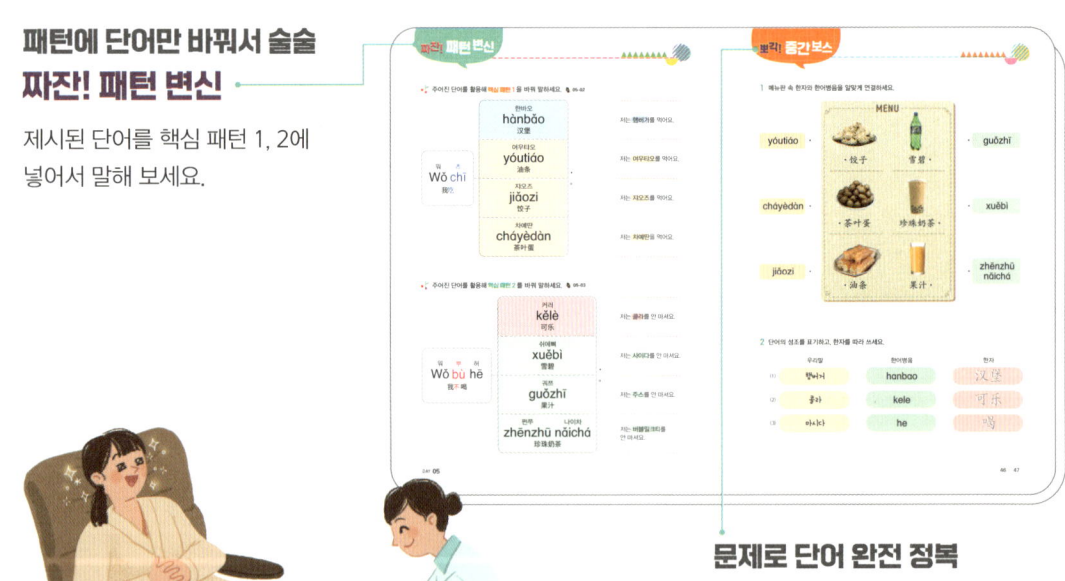

문제로 단어 완전 정복 뽀각! 중간 보스

다양한 문제로 핵심 패턴1, 2와 짜잔! 패턴 변신의 단어를 잘 익혔는지 확인해 봅니다.

이제는 실전이다! 두둥! 실제 상황

간단한 회화를 통해 핵심 패턴의 쓰임새를 확인해 봅시다.

이건 덤!
새로운 문장도 걱정하지 마세요. 덤으로 친절한 설명이 바로 등장하니까요.

중국 꿀팁
중국에서 실제 상황에 처했을 때 알아 두면 좋을 꿀팁을 알려 드려요!

문제로 문장 완전 정복
빠샤! 최종 보스

다양한 문제로 핵심 패턴과 짜잔! 패턴 변신, 두둥! 실제 상황의 문장을 잘 익혔는지 확인해 봅시다.

누구나 알고 있는 그 중국 상식 말고! 진짜 지금의 중국은 어떤 나라일까요? 지금 이 순간에도 변화하고 있는 중국의 생생한 문화를 담았습니다.

한 주간의 학습이 끝나면 중국의 대표 도시로 떠나 봅시다. 상하이, 베이징, 홍콩, 청두에서 꼭 가 봐야 할 곳, 맛봐야 할 것을 소개합니다.

특별 부록

한어병음 브로마이드

정확한 발음이 탄탄한 중국어의 시작!
봐도 봐도 헷갈리는 한어병음. 가까운 곳에 브로마이드를 붙여 두고 익히세요. 한어병음과 예시 단어에 대한 음원도 제공됩니다.

워크북

이번 DAY에서 배운 단어와 핵심 패턴, 완벽하게 정복했나요? 워크북으로 다시 한번 확인해 봅시다.

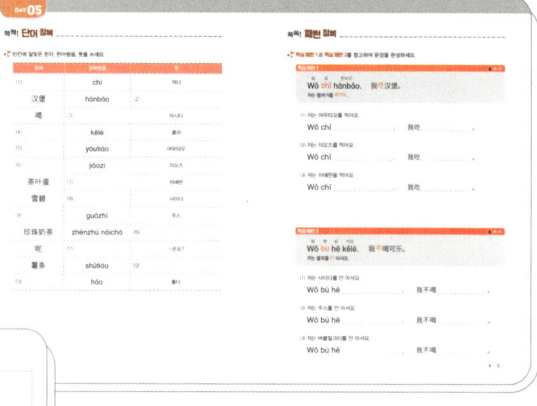

HSK 1급·2급 단어 쓰기 노트

중국어에 자신감이 붙었다면, 이제 HSK에 도전해 보세요!
HSK 1급·2급 단어 300개를, 20일 동안 매일 15개씩 쓰다 보면 합격증이 내 손안에!

온라인 자료

다락원 홈페이지(www.darakwon.co.kr)에서 실시간 재생하거나 내려받을 수 있습니다.

교재 MP3
원어민의 생생한 음성이 담긴 음원을 들어 보세요.

단어 카드 PDF
가방 속에, 주머니 속에 쏙. 언제 어디서나 간편하게 단어를 외워 보세요.

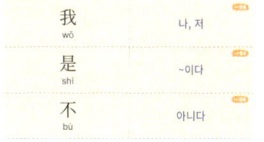

동영상 강의
저자의 친절하고 자세한 강의와 함께라면 독학도 문제없어요.

동영상 강의 이용법

1 QR코드로 이용하기
① 각 DAY의 첫 페이지에 있는 QR코드를 스캔한다.
② 유튜브 재생목록에서 듣고자 하는 강의를 선택한다.

2 유튜브 홈페이지에서 이용하기
① 유튜브 검색창에서 '다락원'을 검색한다.

② 다락원 채널의 재생목록에서 '중국어 잘하고 싶을 땐 다락원 독학 첫걸음'을 찾는다.
③ 듣고자 하는 강의를 선택한다.

3 다락원 홈페이지에서 이용하기
① 다락원 홈페이지 검색창에서 '중국어 잘하고 싶을 땐 다락원 독학 첫걸음'을 검색한다.

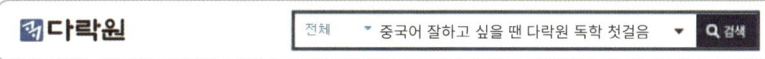

② 도서 페이지에서 '무료강의' 메뉴를 선택한다.
③ 유튜브 재생목록에서 듣고자 하는 강의를 선택한다.

차례

- 들어가는 말 — 5
- 구성과 특징 — 6
- 차례 — 10
- 20일 완성 학습 플래너 — 14
- 중국 전도 — 16

빵빵! 중국 지식 — 18
빵빵! 중국어 지식 — 19

DAY 01 운모 — 20

DAY 02 성모 — 26

DAY 03 한어병음 표기 규칙 — 30

DAY 04 — 36
- 핵심 패턴 1   저는 한태리입니다.
- 핵심 패턴 2   저는 중국인이 아니에요.
- 문화   중국으로 떠나기 전, 꼭 알아 두세요!

DAY 05 — 44
- 핵심 패턴 1   저는 햄버거를 먹어요.
- 핵심 패턴 2   저는 콜라를 안 마셔요.
- 문화   중국 패스트푸드점에는 특별한 메뉴가 있다?

상하이 MUST GO & EAT — 52

DAY 06 — 56

- **핵심 패턴 1** 당신은 위챗을 사용하나요?
- **핵심 패턴 2** 이건 저의 QR코드예요.
- **문화** 위챗 QR코드로 돌아가는 중국인의 24시간

DAY 07 — 64

- **핵심 패턴 1** 날씨가 좋아요.
- **핵심 패턴 2** 저는 춥지 않아요.
- **문화** 중국은 과일 천국

DAY 08 — 72

- **핵심 패턴 1** 저희 호텔은 와이파이가 있습니다.
- **핵심 패턴 2** 비밀번호가 없습니다.
- **문화** '페이지를 연결할 수 없습니다.' 중국의 만리방화벽

DAY 09 — 80

- **핵심 패턴 1** 그들은 무엇을 먹나요?
- **핵심 패턴 2** 어느 것이 맛있어요?
- **문화** 중국의 맛은 어디에서 오는가

DAY 10 — 88

- **핵심 패턴 1** 양꼬치와 맥주 주세요.
- **핵심 패턴 2** 소고기는 어때요?
- **문화** 중국 야시장 먹거리

베이징 MUST GO & EAT — 96

DAY 11 ──────────────── 100

핵심 패턴 1 스타벅스는 어디에 있나요?
핵심 패턴 2 앞으로 가세요.
문화 스타벅스로 떠나는 과거 여행

DAY 12 ──────────────── 108

핵심 패턴 1 그녀는 누구인가요?
핵심 패턴 2 농담하지 마세요!
문화 따로 또 같이, 중국의 소수 민족

DAY 13 ──────────────── 116

핵심 패턴 1 이카통 한 장이요.
핵심 패턴 2 좀 기다려 주세요.
문화 중국에서 지하철을 탄다면?

DAY 14 ──────────────── 124

핵심 패턴 1 몇 분이세요?
핵심 패턴 2 당신은 언제 오나요?
문화 중국인들은 왜 모바일 결제를 선호할까?

DAY 15 ──────────────── 132

핵심 패턴 1 이거 얼마예요?
핵심 패턴 2 80위안이요.
문화 중국 여행 쇼핑 리스트

홍콩 MUST GO & EAT ──────────────── 140

차례

DAY 16 144
핵심 패턴 1 와이탄은 어떻게 가나요?
핵심 패턴 2 버스를 타고 가요.
문화 중국에 가기 전, 필수로 깔아야 할 앱

DAY 17 152
핵심 패턴 1 여기에서 표를 사세요.
핵심 패턴 2 줄을 서 주세요.
문화 버려진 곳에서 피어나는 현대 미술, 중국의 예술 지구

DAY 18 160
핵심 패턴 1 저는 탁구를 칠 줄 알아요.
핵심 패턴 2 제가 당신에게 좀 보여 줄게요.
문화 서 있는 그곳이 바로 무대, 광장무

DAY 19 168
핵심 패턴 1 서는 마사지를 받고 싶어요.
핵심 패턴 2 저는 월요일에 와요.
문화 중국은 넓고 마사지는 다양하다

DAY 20 176
핵심 패턴 1 사진 찍으면 안 됩니다.
핵심 패턴 2 너무 아쉬워요!
문화 중국의 이색적인 거리 풍경

청두 MUST GO & EAT 184

- 정답과 녹음 대본 188
- 단어 색인 196

**20일 동안 학습을 완성하기 위한 플래너입니다.
매일 정해진 분량에 맞춰 공부해 보세요!**

WEEK 01

	학습일	본책	동영상 강의	워크북	쓰기 노트
DAY 01	월 일	16~25쪽	01, 발음-01		5~7쪽
DAY 02	월 일	26~29쪽	02, 발음-02		8~10쪽
DAY 03	월 일	30~35쪽	03, 발음-03		11~13쪽
DAY 04	월 일	36~43쪽	04-01, 04-02	2~3쪽	14~16쪽
DAY 05	월 일	44~51쪽	05-01, 05-02	4~5쪽	17~19쪽

WEEK 02

	학습일	본책	동영상 강의	워크북	쓰기 노트
DAY 06	월 일	56~63쪽	06-01, 06-02	6~7쪽	20~22쪽
DAY 07	월 일	64~71쪽	07-01, 07-02	8~9쪽	23~25쪽
DAY 08	월 일	72~79쪽	08-01, 08-02	10~11쪽	26~28쪽
DAY 09	월 일	80~87쪽	09-01, 09-02	12~13쪽	29~31쪽
DAY 10	월 일	88~95쪽	10-01, 10-02	14~15쪽	32~34쪽

WEEK 03

	학습일	본책	동영상 강의	워크북	쓰기 노트
DAY 11	월 일	100~107쪽	11-01, 11-02	16~17쪽	35~37쪽
DAY 12	월 일	108~115쪽	12-01, 12-02	18~19쪽	38~40쪽
DAY 13	월 일	116~123쪽	13-01, 13-02	20~21쪽	41~43쪽
DAY 14	월 일	124~131쪽	14-01, 14-02	22~23쪽	44~46쪽
DAY 15	월 일	132~139쪽	15-01, 15-02	24~25쪽	47~49쪽

WEEK 04

	학습일	본책	동영상 강의	워크북	쓰기 노트
DAY 16	월 일	144~151쪽	16-01, 16-02	26~27쪽	50~52쪽
DAY 17	월 일	152~159쪽	17-01, 17-02	28~29쪽	53~55쪽
DAY 18	월 일	160~167쪽	18-01, 18-02	30~31쪽	56~58쪽
DAY 19	월 일	168~175쪽	19-01, 19-02	32~33쪽	59~61쪽
DAY 20	월 일	176~183쪽	20-01, 20-02	34~35쪽	62~64쪽

빵빵! 중국 지식

국명
중화인민공화국
中华人民共和国
줄여서 중국 中国

국기
오성홍기 五星红旗
'다섯 개의 별이 있는
붉은 국기'라는 뜻

면적
약 960만 ㎢
한반도 면적의 약 44배

수도
베이징 北京

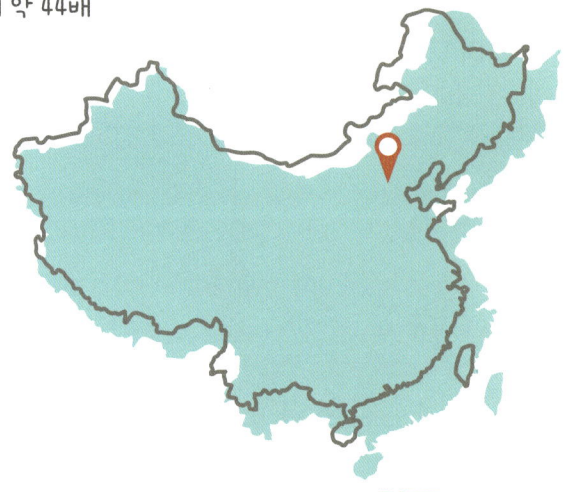

민족
56개의 민족
한족과 55개의 소수 민족

인구
14억 2567만 명
세계 인구 2위
(2023년 기준)

화폐 단위
위안 元
1元=10角=100分

시차
우리나라보다 한 시간 늦음
한국이 오전 10시면 중국은 오전 9시

행정 구역
22개 성, 4개 직할시,
5개 자치구, 2개 특별행정구
중국은 타이완을 23번째 성으로 간주

빵빵! 중국어 지식

🍎 **한어** Hànyǔ 汉语

중국에서는 중국어를 '**한어**'라고 해요. 중국 인구의 약 92%를 차지하는 **한족의 언어**라는 뜻이죠.

🍎 **보통화**

우리나라에도 방언이 있듯이, 영토가 넓고 다양한 민족이 살고 있는 중국에도 다양한 방언이 존재해요. 하지만 각 방언은 서로 차이가 매우 커서 의사소통이 어려워요. 그래서 중국 정부는 **표준어**를 제정했고 이를 '**보통화**'라고 합니다. 앞으로 우리는 현대 중국어의 공식 표준어인 보통화를 배울 거예요.

🍎 **번체자와 간체자**

일반적으로 우리가 알고 있는 **모양이 복잡한 한자**를 '**번체자**'라고 불러요. 중국도 원래는 번체자를 사용했지만 한자가 어려운 탓에 생긴 높은 문맹률을 낮추기 위해 복잡한 한자의 획을 간단하게 만들어 사용하기 시작했고, **간단해진 한자**를 '**간체자**'라고 부릅니다. 홍콩, 타이완 등에서는 여전히 번체자를 사용하고 있어요.

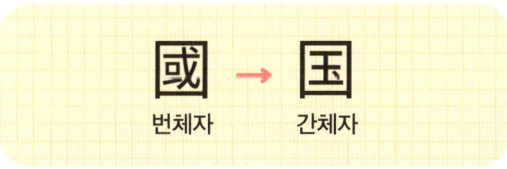

🍎 **한어병음**

한자는 뜻글자이기 때문에 글자만 보고는 발음을 알기 어려워요. 그래서 **로마자를 사용하여 발음을 표기**하는데, 이를 '**한어병음**'이라고 합니다. 한어병음은 '**성모, 운모, 성조**'로 이루어져 있어요. '성모'는 음절의 시작 소리, '운모'는 음절에서 성모를 제외한 나머지 부분을 가리킵니다. 그리고 '성조'는 소리의 높낮이를 나타냅니다.

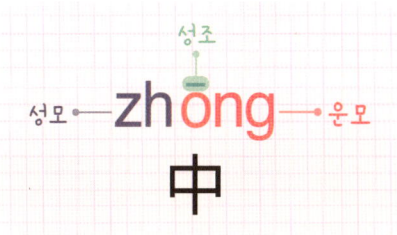

DAY 01 운모

🍎 단운모 🔊 01-01

단운모는 하나의 모음으로만 발음되는 소리로 가장 기본적인 운모입니다.
영상 강의로 운모 읽는 법을 배우고 나서 발음 특별 훈련 영상과 함께 운모를 정확하게 발음하는 연습을 해 보세요.

아 **a**	입을 크게 벌리고 우리말의 '아'처럼 발음해요.	아 ā 啊 아!
오 **o**	살짝 힘을 주면서 입술을 오므렸다가 힘을 풀며 우리말의 '오어'처럼 발음해요.	오 ò 哦 오!
어 **e**	앞니를 살짝 드러내고 우리말의 '으어'처럼 발음해요. 앞의 '으'는 약하게 발음합니다.	어 è 饿 배고프다
이 **i**	입을 양옆으로 벌리고 우리말의 '이'처럼 발음해요.	이 yī 一 1, 하나
우 **u**	입술을 동그랗게 말고 우리말의 '우'처럼 발음해요.	우 wǔ 五 5, 다섯
위 **ü**	입술을 동그랗게 오므린 상태에서 우리말의 '위'처럼 발음해요.	위 yú 鱼 물고기

🍎 a와 결합한 운모 01-02

아이 **ai**	우리말의 '아이'처럼 발음합니다.	타이궈 **Tàiguó** 泰国 태국
아오 **ao**	우리말의 '아오'처럼 발음합니다.	타오즈 **táozi** 桃子 복숭아
안 **an**	우리말의 '안'처럼 발음합니다.	딴까오 **dàngāo** 蛋糕 케이크
앙 **ang**	우리말의 '앙'처럼 발음합니다.	팡즈 **fángzi** 房子 집

🍎 o와 결합한 운모 01-03

어우 **ou**	우리말의 '어우'처럼 발음합니다.	떠우푸 **dòufu** 豆腐 두부
옹 **ong**	우리말의 '옹'처럼 발음합니다.	홍차 **hóngchá** 红茶 홍차

🍎 e와 결합한 운모 01-04

에이 **ei**	우리말의 '에이'처럼 발음합니다. e는 '으어'처럼 발음하지만 ei의 e는 '에'처럼 발음합니다.	헤이반 **hēibǎn** 黑板 칠판	
언 **en**	우리말의 '언'처럼 발음합니다.	번즈 **běnzi** 本子 공책	
엉 **eng**	우리말의 '엉'처럼 발음합니다.	떵롱 **dēnglong** 灯笼 등롱	
얼 **er**	혀를 뒤로 만 상태에서 우리말의 '얼'처럼 발음합니다.	얼환 **ěrhuán** 耳环 귀고리	

🍎 i와 결합한 운모 01-05

야 **ia** (ya)	우리말의 '야'처럼 발음합니다.	쨔쮜 **jiājù** 家具 가구	
예 **ie** (ye)	우리말의 '예'처럼 발음합니다.	셰즈 **xiézi** 鞋子 신발	

DAY **01**

DAY 01

운모

야오 **iao** (yao)	우리말의 '야오'처럼 발음합니다.	땨오커 **diāokè** 雕刻 조각
여우 **iou** (you)	우리말의 '여우'처럼 발음합니다.	니우러우 **niúròu** 牛肉 소고기
옌 **ian** (yan)	우리말의 '옌'처럼 발음합니다.	쳰빠오 **qiánbāo** 钱包 지갑
인 **in** (yin)	우리말의 '인'처럼 발음합니다.	신펑 **xìnfēng** 信封 편지 봉투
양 **iang** (yang)	우리말의 '양'처럼 발음합니다.	쨩여우 **jiàngyóu** 酱油 간장
잉 **ing** (ying)	우리말의 '잉'처럼 발음합니다.	삥샹 **bīngxiāng** 冰箱 냉장고
용 **iong** (yong)	우리말의 '용'처럼 발음합니다.	숑마오 **xióngmāo** 熊猫 판다

🍎 u 와 결합한 운모 🎵 01-06

와 **ua** (wa)	우리말의 '와'처럼 발음합니다.	화셩 **huā**shēng 花生 땅콩	
워 **uo** (wo)	우리말의 '워'처럼 발음합니다.	뤄보 **luó**bo 萝卜 무	
와이 **uai** (wai)	우리말의 '와이'처럼 발음합니다.	콰이즈 k**uài**zi 筷子 젓가락	
웨이 **uei** (wei)	우리말의 '웨이'처럼 발음합니다. e는 '으어'처럼 발음하지만 uei 의 e는 '에'처럼 발음합니다.	쉐이궈 sh**uǐ**guǒ 水果 과일	
완 **uan** (wan)	우리말의 '완'처럼 발음합니다.	쑤안나이 s**uān**nǎi 酸奶 요거트	
원 **uen** (wen)	우리말의 '원'처럼 발음합니다.	룬타이 l**ún**tāi 轮胎 타이어	
왕 **uang** (wang)	우리말의 '왕'처럼 발음합니다.	황찐 h**uáng**jīn 黄金 황금	
웡 **ueng** (weng)	우리말의 '웡'처럼 발음합니다.	웡웡 **wēng**wēng 嗡嗡 윙윙	

DAY **01**

DAY 01 운모

🍎 ü와 결합한 운모 01-07

위에 **üe** (yue)	우리말의 '위에'처럼 발음합니다.	쉬에화 **xuěhuā** 雪花 눈꽃	
위엔 **üan** (yuan)	우리말의 '위엔'처럼 발음합니다.	취엔터우 **quántóu** 拳头 주먹	
윈 **ün** (yun)	우리말의 '윈'처럼 발음합니다.	췬즈 **qúnzi** 裙子 치마	

성모 없이 운모가 단독으로 쓰일 때

- i가 단독으로 쓰이면 i 앞에 y를 붙이고, i로 시작하는 운모는 i를 y로 바꿔 표기합니다.
  예) i → yi   ie → ye   iou → you   iang → yang

- u가 단독으로 쓰이면 u 앞에 w를 붙이고, u로 시작하는 운모는 u를 w로 바꿔 표기합니다.
  예) u → wu   uo → wo   uei → wei   uan → wan

- ü가 단독으로 쓰이거나 ü로 시작하는 운모는 ü 앞에 y를 붙이고 ü 위의 두 점은 생략해서 표기합니다.
  예) ü → yu   üe → yue   üan → yuan   ün → yun

DAY 02 성모

성모는 음절의 시작 소리입니다. 영상 강의로 성모 읽는 법을 배우고 나서 발음 특별 훈련 영상과 함께 성모를 정확하게 발음하는 연습을 해 보세요.

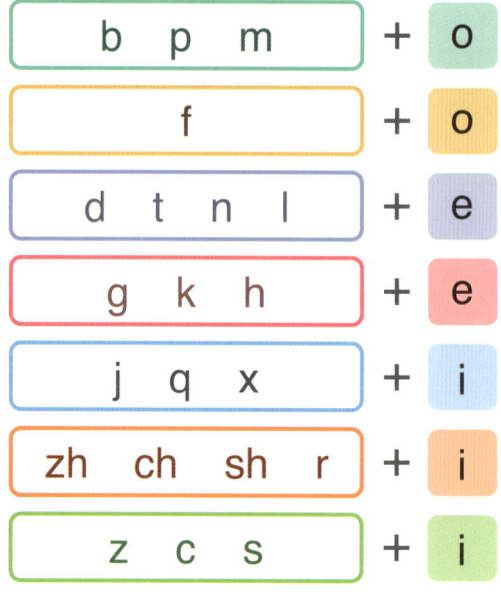

🍎 입술소리 02-01

두 입술을 붙였다 떼면서 내는 소리입니다.

뽀 **b** (bo)	우리말의 'ㅂ'이나 'ㅃ'처럼 발음합니다.	비싸 bǐsà 比萨 피자
포 **p** (po)	우리말의 'ㅍ'처럼 발음합니다.	푸타오 pútao 葡萄 포도
모 **m** (mo)	우리말의 'ㅁ'처럼 발음합니다.	미판 mǐfàn 米饭 밥

🍎 이입술소리 🔊 02-02

윗니를 아랫입술에 대고 공기를 조금씩 빼며 내는 소리입니다.

포 **f** (fo)	영어의 'f'처럼 발음합니다.	파궈 **F**ǎguó 法国 프랑스

🍎 혀끝소리 🔊 02-03

혀끝을 윗니 뒤쪽에 붙였다 떼면서 내는 소리입니다.

떠 **d** (de)	우리말의 'ㄷ'이나 'ㄸ'처럼 발음합니다.	더궈 **D**éguó 德国 독일
터 **t** (te)	우리말의 'ㅌ'처럼 발음합니다.	타이양 **t**àiyáng 太阳 태양
너 **n** (ne)	우리말의 'ㄴ'처럼 발음합니다.	니우나이 **n**iúnǎi 牛奶 우유
러 **l** (le)	우리말의 'ㄹ'처럼 발음합니다.	뤼차 **l**ǜchá 绿茶 녹차

🍎 혀뿌리소리 🔊 02-04

혀뿌리로 목구멍을 막았다가 떼면서 내는 소리입니다.

꺼 **g** (ge)	우리말의 'ㄱ'이나 'ㄲ'처럼 발음합니다.	깡친 **g**āngqín 钢琴 피아노
커 **k** (ke)	우리말의 'ㅋ'처럼 발음합니다.	카처 **k**ǎchē 卡车 트럭
허 **h** (he)	우리말의 'ㅎ'처럼 발음합니다.	훠처 **h**uǒchē 火车 기차

🍎 혓바닥소리 🔊 02-05

혀 앞부분을 입천장 앞쪽에 붙였다 떼면서 내는 소리입니다.

찌 **j** (ji)	우리말의 'ㅈ'이나 'ㅉ'처럼 발음합니다.	찌러우 **j**īròu 鸡肉 닭고기
치 **q** (qi)	우리말의 'ㅊ'처럼 발음합니다.	치파오 **q**ípáo 旗袍 치파오
시 **x** (xi)	우리말의 'ㅅ'처럼 발음합니다.	샹쉐이 **x**iāngshuǐ 香水 향수

DAY 02

성모

🍎 혀끝 말아 올린 소리 　02-06

혀끝을 말아 입천장에 붙였다 떼면서 내는 소리로, 이때 i는 '이'가 아닌 '으'처럼 발음합니다.

쯔 **zh** (zhi)	혀를 뒤로 만 상태에서 우리말의 'ㅈ'이나 'ㅉ'처럼 발음합니다.	짜오펜 **zh**àopiàn 照片 사진
츠 **ch** (chi)	혀를 뒤로 만 상태에서 우리말의 'ㅊ'처럼 발음합니다.	청즈 **ch**éngzi 橙子 오렌지
스 **sh** (shi)	혀를 뒤로 만 상태에서 우리말의 'ㅅ'처럼 발음합니다.	셔우지 **sh**ǒujī 手机 휴대폰
르 **r** (ri)	혀를 뒤로 만 상태에서 영어의 'r'처럼 발음합니다.	르번 **R**ìběn 日本 일본

🍎 이 뒤 혀끝소리 　02-07

혀끝을 윗니의 뒷면에 붙였다 떼면서 내는 소리입니다. 이때 i는 '이'가 아닌 '으'처럼 발음합니다.

쯔 **z** (zi)	우리말의 'ㅈ'이나 'ㅉ'처럼 발음합니다.	즈써 **z**ǐsè 紫色 보라색
츠 **c** (ci)	우리말의 'ㅊ'처럼 발음합니다.	츠뎬 **c**ídiǎn 词典 사전
쓰 **s** (si)	우리말의 'ㅅ'이나 'ㅆ'처럼 발음합니다.	쓰처우 **s**īchóu 丝绸 비단

DAY 03 한어병음 표기 규칙

🍎 성조 🔊 03-01

중국어가 가진 소리의 높낮이를 '성조'라고 하는데, 중국어에는 총 4개의 성조가 있어요. 성모와 운모가 같아도 성조가 다르면 의미가 달라져요.

제1성

가장 높은음을 처음부터 끝까지 유지하면서 같은 음을 쭉 내요.
치과에서 "'아-' 하세요." 할 때 '아-'와 느낌이 비슷해요.

bāo
包 싸다

제2성

중간음에서 가장 높은음으로 끌어 올려요.
어린아이가 '왜?' 하고 물을 때와 느낌이 비슷해요.

báo
薄 얇다

제3성

낮은음에서 가장 낮은음까지 내렸다가 다시 중간음으로 올려요. 중간에 성대가 눌리는 느낌이 들어야 해요.
뭔가를 깨닫고 '아~ 그렇구나' 할 때 '아~'와 느낌이 비슷해요.

bǎo
饱 배부르다

제4성

가장 높은음에서 가장 낮은음으로 순식간에 내려요.
누구에게 맞았을 때 내는 '아!'와 느낌이 비슷해요.

bào
抱 안다

🍎 경성 🔊 03-02

원래 모든 한자는 성조가 있지만, 시간이 흐르며 성조가 약화된 경우도 있어요. 이를 '경성'이라고 합니다. 경성은 앞 음절의 성조에 따라 음높이가 달라지는데, 제3성 뒤에 오는 경우를 제외하고 대부분 가볍게 툭 떨어뜨려 발음해요.

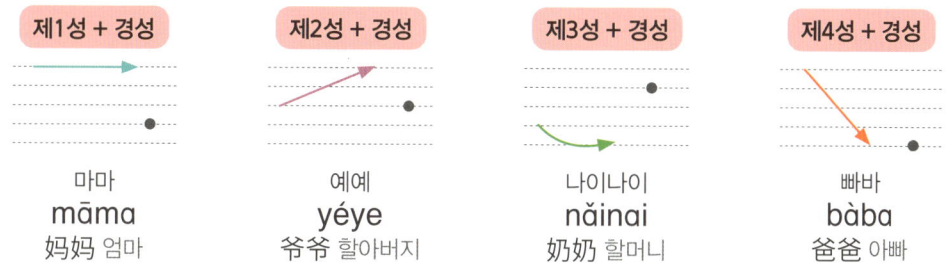

🍎 제3성의 성조 변화 🔊 03-03

제3성은 제1성, 제2성, 제4성과 경성 앞에서 반3성으로 발음해요. 반3성이란 제3성에서 음이 내려가는 앞부분만 발음하는 것을 말합니다.

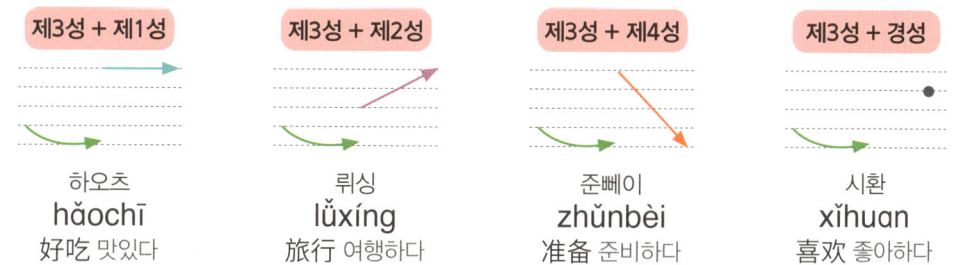

제3성이 연이어 쓰일 때 앞의 제3성은 제2성으로 발음합니다. 이때, 성조 표기는 변하지 않아요.

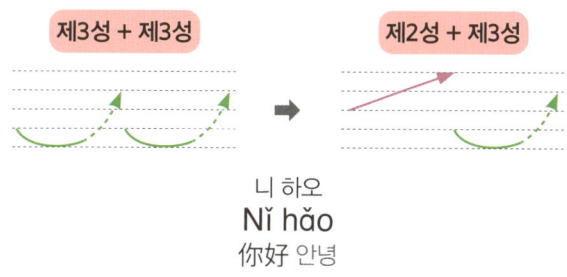

🍎 성모와 운모의 결합 ❶ 🎵 03-04

녹음을 듣고 숫자를 따라 읽어 봅시다.

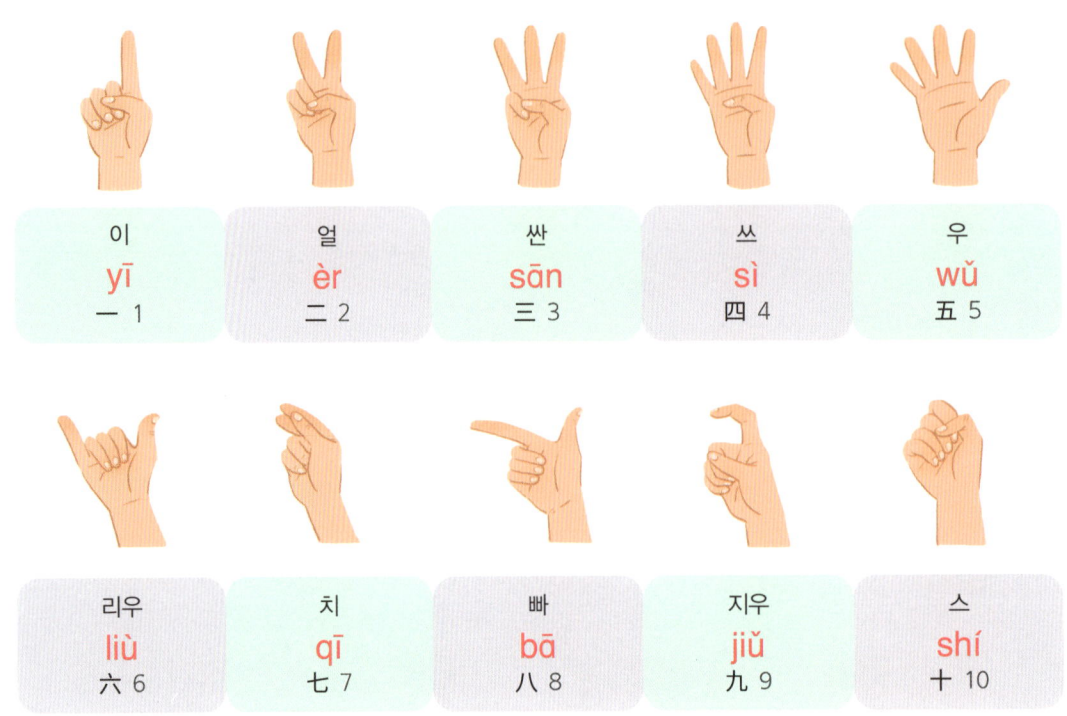

🍎 성모와 운모의 결합 ❷ 🎵 03-05

녹음을 듣고 제1성, 제2성, 제3성, 제4성 단어를 따라 읽어 봅시다.

DAY 03

한어병음 표기 규칙

🍎 **성조의 연결** 🔊 03-06

녹음을 듣고 2음절 단어를 따라 읽어 봅시다.

🍎 성조 표기

- 성조는 운모 위에 표기합니다.
  예) bā   mó   kě   lù

- 운모에 모음이 여러 개 있을 때, 입이 크게 벌어지는 모음 위에 성조를 표기합니다.
  예) dào   kuā   tóu

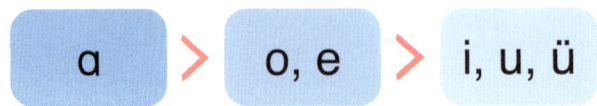

  ① a가 있으면 무조건 a 위에 표기
  ② a가 없으면 o나 e 위에 표기(o와 e는 함께 쓰이지 않음)
  ③ a, o, e가 모두 없으면 i나 u 위에 표기

- i와 u가 함께 쓰일 때, 둘 중 뒤에 오는 모음 위에 성조를 표기합니다.
  예) diū   shuí

- i 위에 성조를 표기할 때, i 위의 작은 점은 생략합니다.
  예) jī   lí

🍎 대문자 표기

- 문장의 첫 글자는 대문자로 표기합니다.
  예) Wǒ shì yóukè. 我是游客。 저는 관광객입니다.

- 인명, 지명 등 고유명사의 첫 글자는 대문자로 표기합니다.
  예) Máo Zédōng 毛泽东 마오쩌둥(인명)   Zhōngguó 中国 중국(지명)

DAY 03

한어병음 표기 규칙

🍎 운모 표기

- 운모 iou, uei, uen은 성모와 함께 쓰일 때, 가운데 모음을 생략하고 표기합니다.

  예) d + iou → diu   z + uei → zui   k + uen → kun

  성모 + iou/uei/uen → 성모 + iu/ui/un

- ü나 ü로 시작하는 운모가 j, q, x와 함께 쓰일 때, u로 표기합니다.

  예) j + ü → ju   q + üe → que   x + üan → xuan

  j/q/x + ü/üe/üan/ün → j/q/x + u/ue/uan/un

🍎 격음 부호

- a, o, e로 시작하는 음절이 다른 음절의 뒤에 올 때, 음절 사이의 경계를 명확하게 구분하기 위해 격음 부호(')를 사용합니다.

  예) kě'ài

🍎 er화(儿化)

- er 儿이 다른 운모와 결합하여 er화 운모를 형성하는 현상을 'er화(儿化)'라고 합니다. 표기할 때는 원래 운모 끝에 '-r'을 붙입니다.

  예) wánr 玩儿   huār 花儿

DAY 04

핵심 패턴 1

저는 한태리입니다.

Wǒ 我 나 + shì 是 ~이다 + Hán Tàilì 韩太利 한태리

워 스 한 타이리
Wǒ shì Hán Tàilì.
我是韩太利。

>> 'shì 是'는 '~이다'라는 뜻으로 'A + shì 是 + B'는 'A는 B이다'라는 의미입니다.
>> '나' '저'는 중국어로 'wǒ 我'라고 해요.
>> 한어병음을 쓸 때, 문장의 첫 글자와 고유명사의 첫 글자는 대문자로 표기합니다.

핵심 패턴 2

저는 중국인이 아니에요.

| Wǒ
我
나 | + | bú
不
아니다 | + | shì
是
~이다 | + | Zhōngguórén
中国人
중국인 |

워 부 스 쭝궈런
Wǒ bú shì Zhōngguórén.
我不是中国人。

>> 'bù 不'는 부정의 의미를 나타냅니다. 'A는 B가 아니다'라고 표현할 때는 'bù 不'를 써서 'A + bú shì 不是 + B'라고 합니다.

>> 'bù 不'는 원래 제4성이지만, 뒤에 제4성이 오면 제2성으로 발음하고 표기도 제2성으로 합니다. 이 문장에서 'bù 不' 뒤에 제4성인 'shì 是'가 오기 때문에 'bù 不'를 제2성 'bú'로 발음하고 표기합니다.

[不是 bù shì → bú shì]

짜잔! 패턴 변신

🌱 주어진 단어를 활용해 **핵심 패턴 1**을 바꿔 말하세요. 🔊 04-02

저는 한태리입니다.

저는 한국인입니다.

저는 외국인입니다.

저는 관광객입니다.

🌱 주어진 단어를 활용해 **핵심 패턴 2**를 바꿔 말하세요. 🔊 04-03

저는 중국인이 아니에요.

저는 바보가 아니에요.

저는 나쁜 사람이 아니에요.

저는 직장인이 아니에요.

DAY **04**

뽀각! 중간보스

1 단어의 한어병음으로 알맞은 것을 골라 O표 하세요.

(1) 韩国人 한국인　　Hánguórén　　Hănguórén

(2) 外国人 외국인　　wáiguórén　　wàiguórén

(3) 游客 관광객　　yóukè　　yóuké

(4) 笨蛋 바보　　bèndàng　　bèndàn

(5) 坏人 나쁜 사람　　huàirén　　hàirén

2 단어의 한어병음을 순서대로 연결하여 그림을 완성하세요.

中国人 중국인

⚡ 호텔에 도착한 태리가 체크인을 하려고 합니다. 🔊 04-04

직원 🙂 **Nǐ hǎo!**
　　　　 니 하오
　　　　你 好!

태리 **Nǐ hǎo! Wǒ shì Hán Tàilì.**
　　　　 니 하오 워 스 한 타이리
　　　　你 好! 我 是 韩 太利。

직원 (태리가 못 알아듣는 중국어를 한다)

태리 🙂 **Bù hǎoyìsi.**
　　　　 뿌 하오이스
　　　　不 好意思。

　　　　Wǒ bú shì Zhōngguórén.
　　　　 워 부 스 쭝궈런
　　　　我 不 是 中国人。

🔊 04-05

你 nǐ 너, 당신 | 好 hǎo 안녕하다 | 我 wǒ 나, 저 | 是 shì ~이다 | 韩太利 Hán Tàilì 한태리[사람이름] | 不好意思 bù hǎoyìsi 미안하다 | 不 bù 아니다 | 中国人 Zhōngguórén 중국인

직원　안녕하세요!

태리　안녕하세요! 저는 한태리입니다.

직원　(태리가 못 알아듣는 중국어를 한다)

태리　미안합니다.
　　　저는 중국인이 아니에요.

이건 덤!

- 'nǐ hǎo 你好'는 가장 대표적인 중국어 인사말로 '안녕' '안녕하세요'라는 뜻입니다. 제3성과 제3성이 함께 있으면, 쉽게 발음하기 위해 앞의 제3성을 제2성으로 발음합니다. 따라서 'nǐ hǎo'는 'ní hǎo'로 발음합니다. 이때 성조 표기는 변하지 않습니다.

- 제1성, 제2성, 제4성, 경성 앞에 쓰이는 제3성은 반3성으로 발음합니다. '반3성'이란 제3성의 내려가는 앞부분만 발음하는 것을 말합니다. 제3성인 'wǒ 我'는 뒤의 제4성(shì 是)의 영향으로 반3성으로 발음됩니다.

- 'bù hǎoyìsi 不好意思'는 '미안하다'라는 뜻으로 사과 표현입니다.

 중국 꿀팁

중국 호텔은 체크인할 때 1박당 한화 5~15만 원 정도의 보증금을 받습니다. 보증금은 중국어로 '야진 yājīn 押金'이라고 하며 현금이나 신용카드로 지불할 수 있어요. 호텔에서 추가로 이용한 서비스가 없다면 전액을 돌려받을 수 있지만, 사전에 결제를 하지 않고 조식을 먹거나 객실 내의 미니바, 유료 물품 등을 사용한 경우에는 보증금에서 해당 비용을 공제한 금액을 돌려받게 됩니다. 예상치 못한 지출로 당황하는 일이 없도록 미리 여윳돈을 준비해 두는 게 좋겠죠?

1 그림을 보고 둘 중 알맞은 것을 고르세요.

2 그림을 보고 말풍선에 들어갈 말을 한어병음으로 쓰세요.

중국으로 떠나기 전, 꼭 알아 두세요!

중국은 영토가 넓고 유구한 역사를 가지고 있는 만큼 찬란한 문화 유산과 신기한 볼거리, 다양한 먹거리가 가득한 나라입니다. 중국으로 여행을 떠나기 전, 꼭 알아야 할 두 가지 주의사항을 알려 드립니다.

중국에 가려면 비자 발급 필수

'중국 비자'는 중국에 출입국을 하거나, 중국을 경유하는 외국인에게 발급하는 허가 증명입니다.

비자에는 여러 종류가 있지만, 보통 중국에 여행 가는 사람들이 가장 많이 발급받는 비자는 '관광 단수 비자(L비자)'입니다.

비자는 '중국비자발급센터'에서 직접 받는 방법과 대행사를 통해 받는 방법이 있습니다. 비용은 이용한 기관과 비자 종류에 따라 다릅니다.

비자 발급은 3~5일 정도 걸리기 때문에, 여행을 떠나기 전에 여유 있게 발급해 두는 것이 좋아요. 만약 출국 날짜가 얼마 남지 않았다면 비용을 조금 더 지불하고 급행, 특급 발급도 가능합니다. 비자가 없으면 중국에 입국할 수가 없으니, 꼭 비자를 받으세요!

이때만은 피해서 가세요

중국의 국가 공휴일 중 '춘절', '국경절'은 사흘, '노동절'과 '청명절'은 하루를 공식적으로 쉽니다. 춘절(春节 Chūnjié)은 우리나라의 설과 같은 음력 1월 1일입니다. 청명절(清明节 Qīngmíngjié)은 우리나라의 식목일과 비슷한 양력 4월 5~6일 무렵입니다. 노동절(劳动节 Láodòngjié)은 우리나라의 근로자의 날과 같은 5월 1일입니다. 국경절(国庆节 Guóqìngjié)은 중국의 건국기념일로 10월 1일입니다.

이 기간에는 중국 사람들도 고향에 가기 때문에 거리의 식당이나 상점이 문을 닫기도 하고, 중국 국내 관광객도 많아 어디를 가든 사람이 붐빕니다. 그러니 되도록 이 기간은 피해서 여행을 가는 게 좋겠지요!

DAY 05

핵심 패턴 1

저는 햄버거를 먹어요.

| Wǒ 我 나 | + | chī 吃 먹다 | + | hànbǎo 汉堡 햄버거 |

워 츠 한바오
Wǒ chī hànbǎo.
我吃汉堡。

>> 중국어 문장의 기본 어순은 '주어 + 술어 + 목적어'입니다.
　Wǒ chī hànbǎo. 我吃汉堡。 나는 햄버거를 먹는다.

>> 햄버거는 중국어로 'hànbǎo 汉堡'라고 합니다.

핵심 패턴 2

저는 콜라를 안 마셔요.

| Wǒ 我 나 | + | bù 不 아니다 | + | hē 喝 마시다 | + | kělè 可乐 콜라 |

워 뿌 허 커러
Wǒ bù hē kělè.
我不喝可乐。

- » 동작을 부정할 때도 역시 동사 앞에 'bù 不'를 사용해요. 'hē 喝(마시다)'의 부정은 'bù hē 不喝(마시지 않는다)'예요.
- » 콜라는 중국어로 'kělè 可乐'라고 합니다.

🌱 주어진 단어를 활용해 **핵심 패턴 1**을 바꿔 말하세요. 🎧 05-02

워 츠 Wǒ chī 我 吃	한바오 **hànbǎo** 汉堡	저는 햄버거를 먹어요.
	여우탸오 **yóutiáo** 油条	저는 여우탸오를 먹어요.
	쟈오즈 **jiǎozi** 饺子	저는 쟈오즈를 먹어요.
	차예딴 **cháyèdàn** 茶叶蛋	저는 차예딴을 먹어요.

🌱 주어진 단어를 활용해 **핵심 패턴 2**를 바꿔 말하세요. 🎧 05-03

워 뿌 허 Wǒ bù hē 我 不 喝	커러 **kělè** 可乐	저는 콜라를 안 마셔요.
	쉬에삐 **xuěbì** 雪碧	저는 사이다를 안 마셔요.
	궈쯔 **guǒzhī** 果汁	저는 주스를 안 마셔요.
	쩐쭈 나이차 **zhēnzhū nǎichá** 珍珠奶茶	저는 버블밀크티를 안 마셔요.

뽀각! 중간보스

1 메뉴판 속 한자와 한어병음을 알맞게 연결하세요.

yóutiáo · 饺子 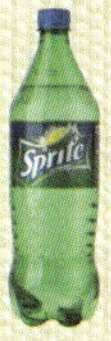 雪碧 · guǒzhī

cháyèdàn · 茶叶蛋 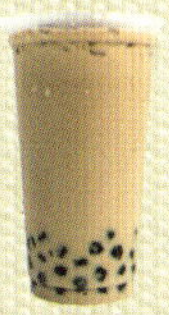 珍珠奶茶 · xuěbì

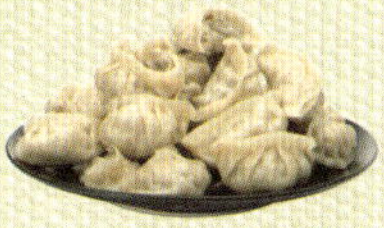

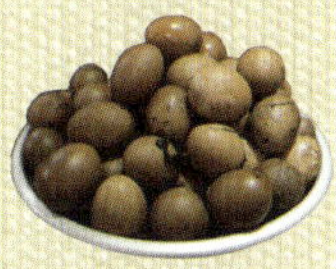

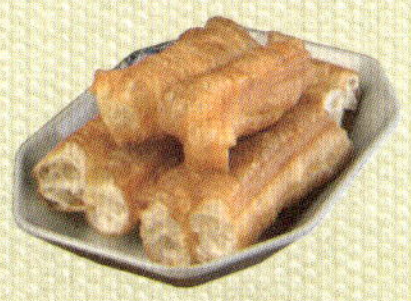

jiǎozi · 油条 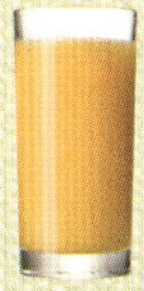 果汁 · zhēnzhū nǎichá

2 단어의 성조를 표기하고, 한자를 따라 쓰세요.

우리말	한어병음	한자
(1) 햄버거	hanbao	汉堡
(2) 콜라	kele	可乐
(3) 마시다	he	喝

두둥! 실제 상황

⚡ 태리와 은우는 패스트푸드점에 왔습니다. 🔊 05-04

태리
워 츠 한바오 니 너
Wǒ chī hànbǎo. Nǐ ne?
我 吃 汉堡。 你 呢?

은우
워 츠 슈탸오
Wǒ chī shǔtiáo.
我 吃 薯条。

워 뿌 허 커러
Wǒ bù hē kělè.
我 不 喝 可乐。

태리
하오
Hǎo.
好。

🔊 05-05

我 wǒ 나, 저 | 吃 chī 먹다 | 汉堡 hànbǎo 햄버거 | 你 nǐ 너, 당신 | 呢 ne ~은요? | 薯条 shǔtiáo 감자튀김 | 不 bù 아니다 | 喝 hē 마시다 | 可乐 kělè 콜라 | 好 hǎo 좋다

DAY **05**

태리   나는 햄버거 먹을래. 너는?

은우   나는 감자튀김 먹을래.
          나는 콜라 안 마실래.

태리   그래.

이건 덥!

- 'ne 呢'는 '~은요?'라는 뜻으로 앞서 얘기한 내용을 상대방에게 되물을 때 사용해요.

- 'hǎo 好'는 단독으로 쓰이면 '좋아' '그래'라는 뜻으로 긍정, 동의를 나타냅니다.

🍯 중국 꿀팁

우리나라와 마찬가지로 중국의 패스트푸드점에서도 직원에게 주문하는 대신 키오스크로 주문하는 경우가 점점 늘어나고 있습니다. 대부분의 키오스크는 모바일 결제 전용이고, 실물 신용카드나 현금으로 결제하려면 직원에게 직접 주문하면 됩니다. 우리나라 패스트푸드점에서는 식사를 마치고 난 뒤에 손님이 직접 뒷정리를 하지만, 대부분의 중국 패스트푸드점에서는 식사가 끝난 테이블을 직원이 정리합니다. 손님이 테이블을 정리하면 오히려 직원들의 일거리를 빼앗는다고 생각해 불쾌해할 수도 있다고 합니다.

1 녹음을 듣고 단어를 순서대로 연결하여 문장을 완성하세요. 05-06

2 녹음을 듣고 그림과 일치하면 O표, 일치하지 않으면 X표 하세요. 05-07

(1)   (2)   (3)

DAY 05

중국 패스트푸드점에는 **특별한** 메뉴가 있다?

세계적 패스트푸드점 KFC나 맥도날드는 세계 어느 지점이든 표준화된 메뉴와 익숙한 맛을 제공하지만, 각 국가마다 현지인의 입맛에 맞춘 현지화된 메뉴도 판매하고 있어요. 중국에서만 만날 수 있는 메뉴는 어떤 것이 있을까요?

KFC 여우탸오 yóutiáo 油条 와 떠우쟝 dòujiāng 豆浆

중국 KFC에서는 아침 메뉴로 꽈배기 도넛과 비슷한 여우탸오와 콩으로 만든 고소한 음료인 떠우쟝을 판매해요. 여우탸오와 떠우쟝은 KFC뿐만 아니라 중국 어디에서든 쉽게 찾을 수 있는 대중적인 아침 메뉴입니다. 보통 떠우쟝에 설탕을 넣어 마시거나 여우탸오를 적셔서 먹어요.

KFC 라오베이징 스낵랩
lǎo Běijīng jīròu juǎn 老北京鸡肉卷

베이징의 대표 요리인 오리 구이를 스낵랩으로 재탄생시킨 메뉴입니다. 오리고기와 밀전병 대신 닭고기와 토르티아를 사용해 간편하게 먹을 수 있도록 만든 것이지요. 오이, 파채를 넣어 상큼함을 살리고 베이징 오리구이 소스를 발라 달콤함을 더했습니다.

맥도날드 닭다리살덮밥
mìzhī jītuǐ mǎn wǎnfàn 蜜汁鸡腿满碗饭

따뜻한 밥 위에 닭다리살과 양상추를 올리고 매콤한 간장 소스를 뿌린 메뉴예요. 맥도날드에서 덮밥을 판매한다는 게 생소하지만 한 끼 식사로 더없이 든든한 메뉴입니다. 하지만 소스에서 중국요리 특유의 향이 나서 향신료에 익숙하지 않거나 매운 음식을 좋아하지 않는다면 입맛에 맞지 않을 수도 있어요.

맥도날드 타로파이 香芋派 xiāngyùpài

중국 맥도날드에 가면 달달한 타로로 만든 파이를 맛볼 수 있어요. 단팥과 비슷한 맛이 나면서도 아삭한 식감이 느껴지는 매력적인 디저트 메뉴입니다. 타로는 우리나라에서 토란이라고도 불리는 식재료인데, 중국에서는 디저트 재료로 많이 쓰여요.

MUST GO!

상하이

上海
Shànghǎi

인천에서 2시간

★ 아기자기한 기념품을 사고 싶다면
텐즈팡 Tiánzifāng 田子坊

텐즈팡에 가면 좁은 골목을 따라 가게들이 빼곡하게 들어서 있어요. 의류, 소품, 장난감, 간식 가게나 식당 등 구경할 것이 끊이지 않습니다. 텐즈팡은 원래 예술가들의 작업 공간이 많이 있던 곳인데 방문하는 사람들이 점점 많아져 지금은 관광지로 더 잘 알려져 있습니다. 여기저기로 뻗어 있는 골목길을 탐방하다 보면 미로에 갇힌 것 같기도 하지만, 취향을 저격하는 기념품을 발견하는 깜짝 선물도 받게 될 거예요.

★ 상하이의 경관을 한눈에 담고 싶다면
푸동 마천루의 전망대

푸동에는 하늘을 찌를 듯한 고층 빌딩들이 경쟁적으로 높이를 자랑하고 있습니다. 방송송신탑 동방명주 Dōngfángmíngzhū 东方明珠에서는 투명한 바닥에 서서 푸동 시내를 내려다 보는 아찔한 경험도 할 수 있어요. 금무대하 Jīnmào Dàshà 金茂大厦, SWFC 그리고 최근에 건설을 마친 상하이타워에도 전망대가 있어요.

고급 레스토랑과 쇼핑몰이 들어선 신텐띠 Xīntiāndì 新天地 지역의 골목에서 **대한민국 임시정부 유적지**를 찾을 수 있어요. 도시락 폭탄 의거가 거행된 훙커우공원은 '**루쉰공원** Lǔxùn Gōngyuán 鲁迅公园'으로 이름이 바뀌었으나 **윤봉길 의사를 기리기 위한 기념관**이 남아 있습니다.

★ 항일투쟁운동의 역사를 알고 싶다면
대한민국 임시정부 유적지 & 윤봉길 의사 기념관

수많은 애니메이션을 탄생시킨 **디즈니의 캐릭터들이 모여 있는 테마파크**입니다. 애니메이션별로 구성된 테마파크, 캐릭터들이 살아 움직이는 **퍼레이드**, 밤하늘을 아름답게 수놓는 **불꽃놀이**까지, 아침부터 밤까지 하루를 꼬박 즐겨도 모자라 디즈니 리조트에 며칠씩 머무르는 사람들도 적지 않습니다.

디즈니 애니메이션의 팬이라면
디즈니랜드

MUST EAT!

상하이

上海
Shànghǎi

#초보_중국_여행자_추천
#야경_맛집
#디즈니_덕후의_성지
#간식_천국

따자셰 dàzháxiè 大闸蟹

우리나라의 전어처럼 중국 사람들이 가을이 되면 찾는 식재료가 있으니, 바로 '따자셰 dàzháxiè 大闸蟹'입니다. 따자셰는 다리에 털이 난 민물 게를 가리키는데, 9월부터 12월에 집중적으로 판매돼요. 9월에는 암컷이, 10월에는 수컷이 맛이 좋습니다. 주로 게를 쪄서 생강을 넣은 초간장에 찍어 먹습니다. 우리나라 대게보다 껍질은 두껍고 살은 적어요. 그래서 효과적으로 살을 발라 먹기 위한 도구가 작은 망치, 가위, 집게 등 8가지나 있다고 합니다.

▲ 난샹 만두 가게

샤오롱빠오 xiǎolóngbāo 小笼包

돼지고기, 새우살, 게살 등 만두소도 다양한 샤오롱빠오는 즐기는 방법이 따로 있습니다. 먼저 샤오롱빠오를 숟가락 위에 올리고 젓가락으로 샤오롱빠오를 살짝 찢어 흘러나오는 육즙을 맛봅니다. 그리고 생강채를 몇 가닥 샤오롱빠오 위에 올려 먹으면 됩니다. 취향껏 간장을 추가해도 좋고요.
위위안 yùyuán 豫园에 있는 '난샹 만두 가게 Nánxiáng Mántóudiàn 南翔馒头店'가 가장 유명해요.

에그타르트 dàntà 蛋挞

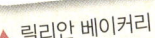
▲ 릴리안 베이커리

포르투갈령이었던 마카오가 에그타르트로 유명하지만 상하이에서만 만날 수 있는 에그타르트 전문점이 있습니다. 바로 '릴리안 베이커리'인데요, 상하이 곳곳에서 50여 개의 점포를 찾을 수 있습니다. 계란 노른자로 만든 커스터드 크림이 페이스트리에 겹겹이 싸인 에그타르트를 한 입 베어 물면 부드러움과 바삭함을 동시에 느낄 수 있어요.

파기름비빔면 cōngyóubànmiàn 葱油拌面

이름에서 알 수 있듯이 얇은 면을 파기름과 간장에 비벼 먹는 요리입니다. 상하이를 대표하는 요리이며 조리법이 간단해 중국 사람들이 즐기는 집밥 메뉴이기도 합니다.

DAY 06

핵심 패턴 1

당신은 위챗을 사용하나요?

| Nǐ 你 너 | + | yòng 用 사용하다 | + | Wēixìn 微信 위챗 | + | ma 吗 ~합니까? |

니 용 웨이신 마
Nǐ yòng Wēixìn ma?
你用微信吗?

>> 평서문의 끝에 'ma 吗'를 붙이면 의문문이 됩니다.

[你用微信。
Nǐ yòng Wēixìn.
당신은 위챗을 사용해요.] → [你用微信吗?
Nǐ yòng Wēixìn ma?
당신은 위챗을 사용하나요?]

>> 위챗은 중국에서 가장 대중적으로 사용하는 메신저 앱입니다.

핵심 패턴 2

이건 저의 QR코드예요.

| Zhè 这 이것 | + | shì 是 ~이다 | + | wǒ 我 나 | + | **de 的 ~의** | + | èrwéimǎ 二维码 QR코드 |

쩌 스 워 더 얼웨이마
Zhè shì wǒ de èrwéimǎ.
这是我的二维码。

》 'de 的'는 '~의'라는 뜻으로 소유나 소속 관계를 나타내요.

》 'zhè 这'는 '이' '이것'이라는 뜻으로, 화자로부터 가까이 있는 것을 가리킬 때 쓰는 표현이에요. 화자로부터 멀리 있는 것을 가리킬 때는 '저' '저것'이라는 뜻의 'nà 那'를 사용합니다.

짜잔! 패턴 변신

🌱 주어진 단어를 활용해 **핵심 패턴 1**을 바꿔 말하세요. 🎵 06-02

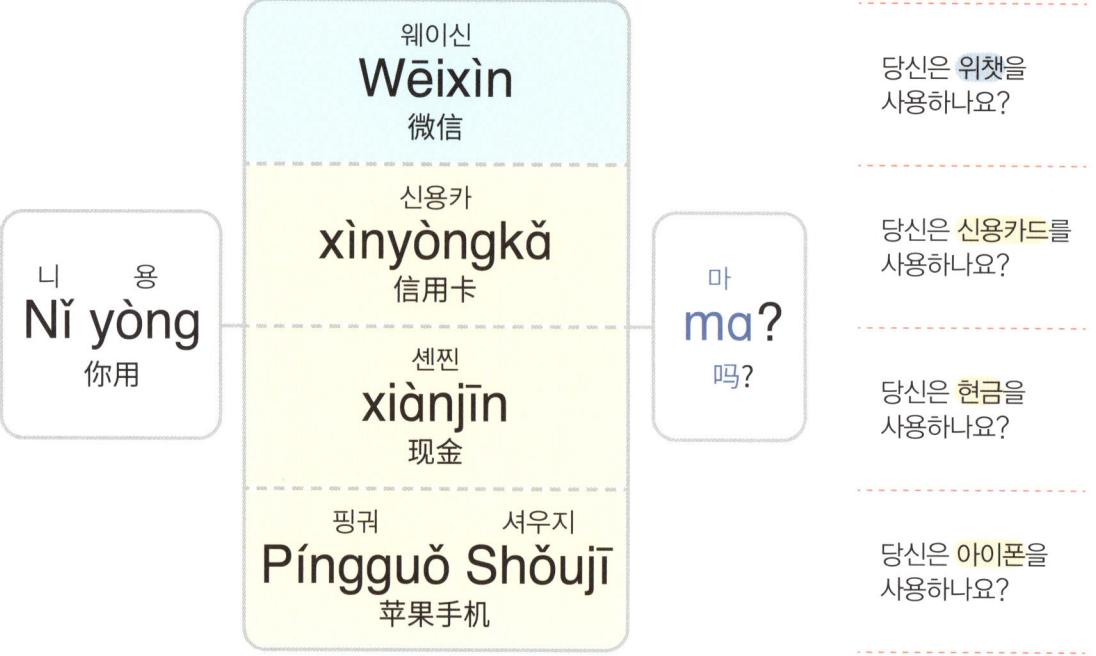

당신은 위챗을 사용하나요?

당신은 신용카드를 사용하나요?

당신은 현금을 사용하나요?

당신은 아이폰을 사용하나요?

🌱 주어진 단어를 활용해 **핵심 패턴 2**를 바꿔 말하세요. 🎵 06-03

이건 저의 QR코드예요.

이건 저의 신분증이에요.

이쪽은 저의 남자 친구예요.

이건 저의 매력이에요.

뽀각! 중간 보스

1 제시된 단어의 한어병음을 글자판에서 찾고, 한자를 따라 쓰세요.

è	z	zhǎ	o	y	x
r	j	h	n	x	ò	i
w	i	ī	è	p	n	à
é	i	d	e	g	g	n
i	h	ā	m	ú	ò	j
m	è	i	l	ì	n	ī
ǎ	c	h	ū	q	i	n

(1) QR코드
二 维 码

(2) 사용하다
用

(3) 매력
魅 力

(4) 현금
现 金

(5) ~의
的

2 녹음을 듣고, 알맞은 한어병음에 O표 한 후, 한어병음과 뜻을 쓰세요. 🔊 06-04

shēnfènzhèngdenánpéngyoushìxiànjīnxìnyòngkǎnǐ

(1) 한어병음 ___shēnfènzhèng___　　(2) 한어병음 _____

　　뜻 ___신분증___　　　　　　　　　뜻 _____

두둥! 실제 상황

> 은우는 다른 관광객과 친구가 되었습니다. 🎧 06-05

관광객: Nǐ yòng Wēixìn ma? Wǒ jiā nǐ ba.
你 用 微信 吗? 我 加 你 吧。

은우: Wǒ yòng. Zhè shì wǒ de èrwéimǎ.
我 用。 这 是 我 的 二维码。

관광객: Xièxie.
谢谢。

은우: Bú kèqi!
不客气!

🎧 06-06

你 nǐ 너, 당신 | 用 yòng 쓰다, 사용하다 | 微信 Wēixìn 위챗[중국의 메신저 앱] | 吗 ma [문장 끝에서 의문을 나타냄] | 我 wǒ 나, 저 | 加 jiā 더하다, 추가하다 | 吧 ba [문장 끝에서 제안, 명령, 부탁을 나타냄] | 这 zhè 이, 이것 | 是 shì ~이다 | 的 de ~의 | 二维码 èrwéimǎ QR코드 | 谢谢 xièxie 감사합니다 | 不客气 bú kèqi 별말씀을요, 천만에요

관광객 위챗 쓰세요? 제가 당신을 추가할게요.

은우 저 써요. 이건 제 QR코드예요.

관광객 고마워요.

은우 별말씀을요.

이건 덤!

- 'ba 吧'는 문장 끝에 쓰여 제안, 명령, 부탁의 어감을 나타내요. 'ba 吧'가 쓰인 문장은 어감이 부드러워지는 효과가 있습니다.

- 'xièxie 谢谢'는 감사 표현입니다. 말할 때 입을 좌우로 벌리면 더 정확하게 발음할 수 있어요. 감사 인사에는 'bú kèqi 不客气'라고 답합니다.

중국 꿀팁

우리나라에서도 자주 볼 수 있는 QR코드 기능은 오늘날 중국의 일상생활 곳곳에 사용되고 있습니다. 중국의 메신저 앱 위챗(Wēixìn 微信·WeChat)은 모든 이용자에게 고유의 QR코드를 발급하고 'QR코드 스캔' 기능도 제공해요. 친구를 추가할 때도, 택시, 식당, 마트 등에서 결제하거나 식당에서 보조배터리를 대여할 때도 이 QR코드를 활용합니다. 심지어 명함에도 자신의 위챗 QR코드를 넣을 정도라고 하니, 중국에서 위챗 QR코드가 얼마나 보편적으로 사용되는지 알 수 있죠?

1 녹음을 듣고 그림에 맞게 A, B, C를 쓰세요. 06-07

2 우리말과 일치하도록 한어병음을 순서대로 연결하고, 빈칸에 한어병음을 쓰세요.

(1) 당신은 위챗을 사용하나요?
Nǐ yòng Wēixìn ma?

(2) 이건 저의 QR코드예요.

위챗 QR코드로 돌아가는 중국인의 24시간

'위챗(Wēixìn 微信·WeChat)'은 우리나라의 카카오톡처럼 중국에서 가장 많이 사용하는 메신저 앱이에요. 거의 모든 중국인의 휴대폰에 설치되어 있는 앱 중 하나이죠. 이 앱을 사용해서 등록된 친구에게 메시지를 보낼 수도 있고, '모멘트' 또는 '펑여우취안 péngyouquān 朋友圈'이라고 불리는 공간에 게시글과 사진, 동영상을 올릴 수도 있어요. 휴대폰을 흔들면 가까운 거리에 있는 이용자를 찾을 수 있는 '흔들기' 기능도 있어 친한 친구가 아닌 낯선 사람과 채팅하는 새로운 재미도 느낄 수 있어요.

위챗 微信·WeChat

무엇보다 위챗이 가진 가장 큰 특징은 이용자에게 고유의 QR코드를 발급한다는 점입니다. 그래서 다른 사람의 QR코드를 스캔해서 친구로 추가할 수 있습니다. 중국인이 "Wǒ sǎo nǐ. 我扫你。(제가 당신을 스캔할게요.)"라고 하면 QR코드를 스캔해서 위챗 친구를 맺자는 뜻이랍니다.

위챗은 이 QR코드를 활용해서 모바일 결제 서비스도 지원해요. 위챗 계정에 계좌를 연동하면 휴대폰으로 결제할 수 있습니다. 결제뿐만 아니라 공공 자전거 대여, 송금, 공과금 납부까지 모두 위챗 하나만 있으면 가능합니다. '요즘 중국 사람들은 지갑 없이는 외출해도 휴대폰 없이는 외출할 수 없다'는 말이 이해되지요?

DAY 07

핵심 패턴 1

날씨가 좋아요.

| Tiānqì 天气 날씨 | + | hěn 很 매우, 아주 | + | hǎo 好 좋다 |

톈치   헌   하오
Tiānqì hěn hǎo.
天气很好。

>> 'hǎo 好' 같은 형용사가 문장의 술어로 쓰이면 주어가 어떠한 상태인지 나타내요. 이때 이미 술어가 있기 때문에 'shì 是'를 함께 쓰지 않는다는 점에 주의합시다.

>> 'hěn 很'은 '매우' '아주'라는 뜻입니다. 형용사가 술어로 쓰일 때, 형용사 앞에 습관적으로 'hěn 很'을 사용해요.

핵심 패턴 2

저는 춥지 않아요.

[Wǒ 我 나] + [bù 不 아니다] + [lěng 冷 춥다]

워 뿌 렁
Wǒ bù lěng.
我不冷。

>> 형용사가 술어로 쓰인 문장 역시 형용사 앞에 'bù 不'를 넣어 부정을 표현해요.

| 我很冷。
Wǒ hěn lěng.
저는 추워요. | → | 我不冷。
Wo bù lěng.
저는 춥지 않아요. |

짜잔! 패턴 변신

🍒 주어진 단어를 활용해 **핵심 패턴 1**을 바꿔 말하세요.  07-02

날씨가 **좋아요**.

날씨가 **맑아요**.

날씨가 **흐려요**.

날씨가 **더워요**.

🍒 주어진 단어를 활용해 **핵심 패턴 2**를 바꿔 말하세요. 07-03

저는 **춥지** 않아요.

저는 **기쁘지** 않아요.

저는 **피곤하지** 않아요.

저는 **배고프지** 않아요.

뽀각! 중간 보스

1 사다리를 타고 내려가, 단어의 뜻을 쓰세요.

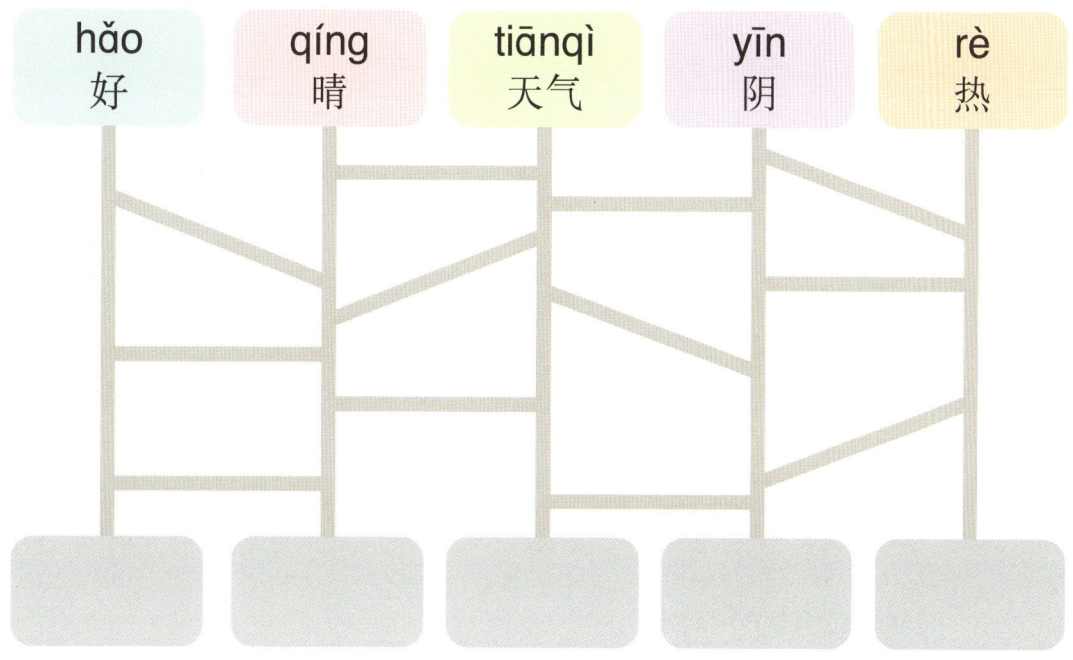

| hǎo | qíng | tiānqì | yīn | rè |
| 好 | 晴 | 天气 | 阴 | 热 |

2 녹음을 듣고 알맞은 한어병음을 골라 O표 하세요. 🎵 07-04

(1) 不饿 배고프지 않다   bú è   bù è

(2) 不冷 춥지 않다   bú lěng   bù lěng

(3) 不累 피곤하지 않다   bú lèi   bù lèi

(4) 不高兴 기쁘지 않다   bú gāoxìng   bù gāoxìng

⚡ 은우와 태리는 길을 나섭니다. 🔊 07-05

은우 니 렁 마
Nǐ lěng ma?
你 冷 吗?

태리 워 뿌 렁 니 너
Wǒ bù lěng. Nǐ ne?
我 不 冷。 你 呢?

은우 워 예 뿌 렁
Wǒ yě bù lěng.
我 也 不 冷。

텐치 헌 하오
Tiānqì hěn hǎo.
天气 很 好。

🔊 07-06

你 nǐ 너, 당신 | 冷 lěng 춥다 | 吗 ma [문장 끝에서 의문을 나타냄] | 我 wǒ 나, 저 | 不 bù 아니다 | 呢 ne ~은요? | 也 yě ~도, 역시 | 天气 tiānqì 날씨 | 很 hěn 매우, 아주 | 好 hǎo 좋다

은우　너는 춥니?

태리　나는 안 추워. 너는?

은우　나도 안 추워.
　　　날씨 좋다.

이건 덤!

- 'yě 也'는 '~도' '역시'라는 의미를 나타내요. 'yě 也' 뒤에 반드시 술어가 있어야 한다는 걸 꼭 기억해 주세요. 즉, 'Wǒ yě. 我也。'는 틀린 표현입니다.

🍯 중국 꿀팁

중국은 기후도 다양하고 지역별로 분위기도 달라서 일 년 사계절 내내 여행을 가기 좋습니다. 봄에 중국으로 여행을 간다면 구이린 Guìlín 桂林이나 쑤저우 Sūzhōu 苏州를 추천합니다. 두 곳 모두 자연 경관이 아름답기로 유명한 지역으로, 봄에 새로 피어난 꽃이 분위기를 더합니다. 여름에는 장자제 Zhāngjiājiè 张家界가 인기 있습니다. 입이 쩍 벌어지는 풍경을 마주할 수 있는 곳으로, 영화 「아바타」의 촬영지이기도 합니다. 선선한 가을에는 먹거리와 볼거리로 가득한 상하이 Shànghǎi 上海나 칭다오 Qīngdǎo 青岛에 가면 좋습니다. 마지막으로 겨울에는 얼음 축제 '빙등제 Bīngdēng Jié 冰灯节'가 열리는 하얼빈 Hā'ěrbīn 哈尔滨을 추천합니다. 하얼빈 곳곳에서 화려하고 웅장한 얼음 조각상을 볼 수 있어요!

쑤저우

하얼빈

빠샤! 최종 보스

1 녹음을 듣고 그림과 일치하면 O표, 일치하지 않으면 X표 하세요. 🎵 07-07

(1) (2) (3)

2 우리말과 일치하도록 제시된 단어를 알맞은 위치에 쓰세요.

(1) 吗   너는 춥니?
→ ☐ 你 ☐ 冷 ☐ ?

(2) 也   나도 안 추워.
→ ☐ 我 ☐ 不 ☐ 冷 ☐ 。

(3) 很   날씨가 좋아요.
→ ☐ 天 ☐ 气 ☐ 好 ☐ 。

중국은 과일 천국

중국은 영토가 넓어 아열대부터 한온대까지 다양한 기후를 보이는 만큼 전국적으로 가지각색의 과일이 생산됩니다. 우리나라에서는 구경하기 어려운 과일을 만날 수 있는 데다가, 과일 가격도 아주 저렴해요. 한 번도 안 먹은 사람은 있어도 한 번만 먹은 사람은 없다는 과일들을 소개합니다.

양타오 杨桃 yángtáo

광둥성, 푸젠성 등 따뜻한 남쪽 지방에서 많이 생산돼요. 자른 단면이 별 모양이어서 영어로는 스타 푸르트(star fruit)라고 해요. 매실과 비슷한 향에 풋사과와 비슷한 맛이 나고 노랗게 익을수록 단맛이 강해지는 과일입니다.

하미과 哈密瓜 hāmìguā

신장 위구르 자치구의 '하미(Hāmì 哈密)'라는 지역에서 생산되어서 '하미과'라고 해요. 8~11월에 생산되는데 멜론과 비슷한 맛이 나지만 더 달고 아삭하고, 과육이 주황색이에요. 하미과를 길게 잘라 꼬치에 꽂아 파는 노점상이 많아 쉽게 맛볼 수 있어요.

여우즈 柚子 yòuzi

이름만 들으면 유자인가 싶지만 우리나라의 유자와는 또 다른 과일이에요. 10~11월에 생산되고, 크기는 멜론이나 수박만 하고 자몽 맛이 납니다.

판타오 蟠桃 pántáo

유럽에 가면 많이 먹고 온다는 납작 복숭아. 우리나라에도 판매되지만 가격이 매우 비싸 사 먹기 어렵죠. 하지만 가까운 나라 중국에서도 '판타오'라는 이름으로 찾을 수 있다는 것! 판타오는 우리가 흔히 먹는 동그란 복숭아보다 더 달고 과즙이 풍부해요.

피파 枇杷 pípa

5~6월에 생산되는 과일이에요. 잎이 중국의 전통 악기인 '비파(pípa 琵琶)'와 비슷하다고 해서 발음이 같은 '피파'라고 불려요. 피파씨에는 독이 있으니 주의하세요.

저희 호텔은 와이파이가 있습니다.

| Wǒmen 我们 우리 | + | jiǔdiàn 酒店 호텔 | + | yǒu 有 있다 | + | Wi-Fi Wi-Fi 와이파이 |

워먼 　　지우뎬 　여우 　와이파이
Wǒmen jiǔdiàn yǒu Wi-Fi.
我们酒店有Wi-Fi。

>> 'yǒu 有'는 '~이 있다' '~을 가지고 있다'라는 뜻으로 존재나 소유를 나타냅니다.

>> 'wǒ 我' 뒤에 '~들'을 뜻하는 'men 们'을 더하면 '우리'라는 의미를 나타내는 'wǒmen 我们'이 됩니다.

핵심 패턴 2

비밀번호가 없습니다.

메이여우　미마
Méiyǒu mìmǎ.
没有密码。

›› 'yǒu 有'의 부정형은 'bù yǒu 不有'가 아닙니다. 'yǒu 有' 앞에 'méi 没'를 붙인 'méiyǒu 没有'입니다.

›› 'Méiyǒu mìmǎ. 没有密码。'라는 문장은 'Wi-Fi méiyǒu mìmǎ. Wi-Fi没有密码。(와이파이는 비밀번호가 없습니다.)'라는 문장에서 주어인 'Wi-Fi'가 생략된 것입니다. 중국어 역시 우리말처럼 일부 문장 성분을 생략해 간단히 말하기도 합니다.

›› 질문에 대답할 때 간단하게 'Méiyǒu. 没有。(없어요.)'라고 단독으로 사용할 수도 있어요.

🌱 주어진 단어를 활용해 **핵심 패턴 1**을 바꿔 말하세요. 🐝 08-02

워먼 지우뎬 여우 **Wǒmen jiǔdiàn yǒu** 我们酒店有	와이파이 **Wi-Fi** Wi-Fi	저희 호텔은 와이파이가 있습니다.
	쪤션팡 **jiànshēnfáng** 健身房	저희 호텔은 헬스장이 있습니다.
	여우용츠 **yóuyǒngchí** 游泳池	저희 호텔은 수영장이 있습니다.
	쌍나위 **sāngnáyù** 桑拿浴	저희 호텔은 사우나가 있습니다.

🌱 주어진 단어를 활용해 **핵심 패턴 2**를 바꿔 말하세요. 🐝 08-03

메이여우 **Méiyǒu** 没有	미마 **mìmǎ** 密码	비밀번호가 없습니다.
	웨이셩즈 **wèishēngzhǐ** 卫生纸	휴지가 없습니다.
	샤오즈 **sháozi** 勺子	숟가락이 없습니다.
	콰이즈 **kuàizi** 筷子	젓가락이 없습니다.

1 제시된 우리말 순서대로 한어병음과 한자를 따라가며 미로를 통과하세요.

비밀번호 → 숟가락 → 호텔 → 수영장 → 휴지

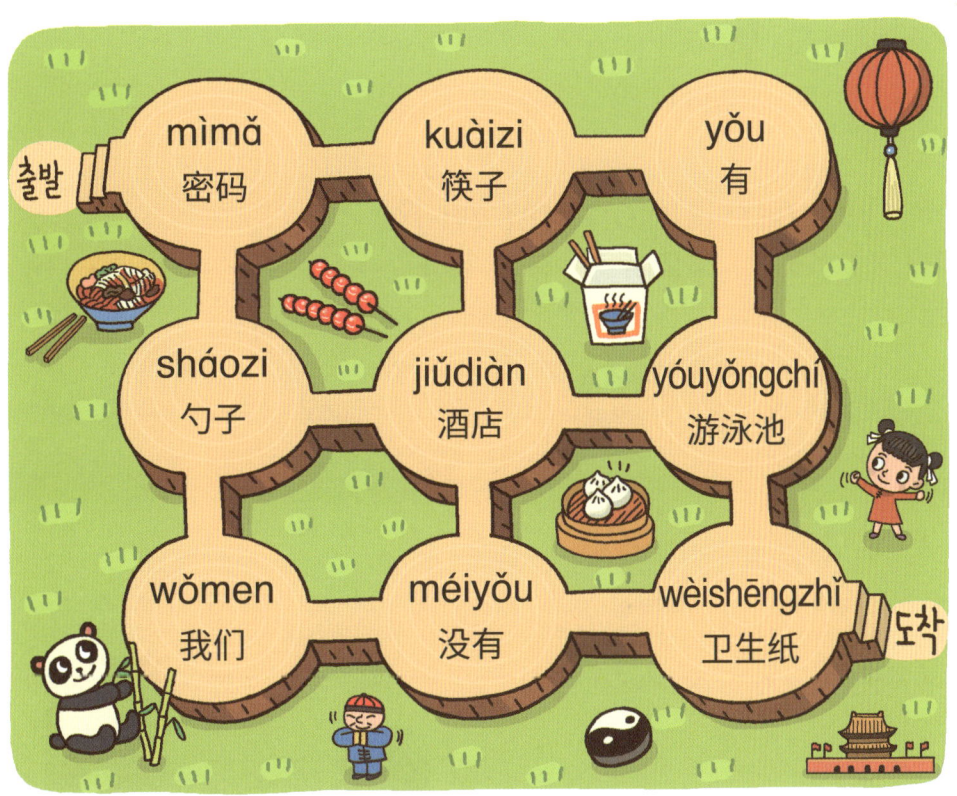

2 우리말과 한어병음, 한자를 순서대로 연결하세요.

(1) 헬스장 · · sāng · · shēng · · yù · · 健身房

(2) 휴지 · · wèi · · shēn · · fáng · · 卫生纸

(3) 사우나 · · jiàn · · ná · · zhǐ · · 桑拿浴

⚡ 태리가 호텔 직원에게 와이파이가 있는지 물어봅니다. 🔊 08-04

태리
여우 와이파이 마
Yǒu Wi-Fi ma?
有　Wi-Fi　吗?

직원
워먼　지우뎬　여우　와이파이
Wǒmen jiǔdiàn yǒu Wi-Fi.
我们　酒店　有　Wi-Fi。

태리
여우　미마　마
Yǒu mìmǎ ma?
有　密码　吗?

직원
메이여우　미마
Méiyǒu mìmǎ.
没有　密码。

🔊 08-05

有 yǒu 있다 | 吗 ma [문장 끝에서 의문을 나타냄] | 我们 wǒmen 우리, 저희 | 酒店 jiǔdiàn 호텔 | 密码 mìmǎ 비밀번호 | 没有 méiyǒu 없다

태리 와이파이가 있나요?

직원 저희 호텔은 와이파이가 있습니다.

태리 비밀번호가 있나요?

직원 비밀번호는 없습니다.

이건 덤!

- 'yǒu ······ ma? 有······吗?'를 활용해 '~이 있나요?'라고 물을 수 있어요.

- 'mì 密'는 '비밀'이라는 뜻이고, 'mǎ 码'는 '번호'라는 뜻으로, 'mìmǎ 密码'는 '비밀번호'라는 뜻이 됩니다.

중국 꿀팁

우리나라에서는 공용 와이파이를 쓸 때 보통 비밀번호만 입력하지만 중국에서는 종종 휴대폰 번호와 인증번호까지 입력해야 와이파이를 연결할 수 있습니다. 이때 중국 현지의 휴대폰 번호만 입력할 수 있기 때문에 중국 유심칩이 있어야만 인증번호를 받을 수 있어요. 그래도 간혹 QR코드를 스캔하면 연결되는 공용 와이파이도 있으니, 주변을 잘 확인해 보세요.

빠샤! 최종 보스

1 그림을 보고 둘 중 알맞은 것을 고르세요.

(1) Yǒu / **Méiyǒu** kuàizi.
　　有 / 没有 筷子。

(2) **Yǒu** / Méiyǒu wèishēngzhǐ.
　　有 / 没有 卫生纸。

2 그림을 보고 말풍선에 들어갈 말을 한어병음으로 쓰세요.

Méiyǒu mìmǎ. 没有密码。

DAY **08**

⚠️ 페이지를 연결할 수 없습니다. 중국의 **만리방화벽**

중국에 가면 몇몇 웹 사이트에 접속이 불가능할 수 있습니다. 중국은 사회 안정을 위해 외부로부터 유입되는 트래픽을 차단해 인터넷 감시·검열 시스템을 운영 중입니다. 해외에서는 이러한 중국 정부의 정책을 만리장성(The Great Wall)에 빗대어 '만리방화벽(The Great Firewall)'이라고도 부릅니다.

우선 포털 사이트 '구글(Google)'의 접속이 어렵습니다. 따라서 여행자들이 자주 쓰는 구글맵도 이용할 수 없으니 '까오더 지도(Gāodé Dìtú 高德地图)'나 '바이두 지도(Bǎidù Dìtú 百度地图)' 등 대체할 수 있는 앱을 다운로드해 가는 게 좋아요. 마찬가지로 구글플레이스토어에도 접속할 수 없으니 필요한 앱은 중국에 가기 전에 미리미리 내려받아 두어야 합니다.

동영상 스트리밍 사이트인 '유튜브(YouTube)'도 접속이 불가하며 '넷플릭스(Netflix)'는 국내에서 미리 다운로드를 한 영상에 한해 시청이 가능합니다. 트위터, 페이스북, 인스타그램 등의 SNS도 접속이 어려워요. 우리나라 메신저 앱인 카카오톡도 중국에서는 접속이 불안정해서 메시지의 수신과 발신이 잘 되지 않습니다.

이렇게 보니 중국에서 이용할 수 없는 서비스가 너무 많은 것 같지만 바이두(Bǎidù 百度: 포털 사이트), 여우쿠(Yōukù 优酷: 동영상 스트리밍 사이트), 웨이보(Wēibó 微博: SNS) 등 중국 토종 서비스가 있기 때문에 중국인의 입장에서는 큰 불편함이 없답니다.

접속 방법이 아예 없는 건 아닙니다. 한국에서 이용 중인 통신사의 데이터 로밍 서비스를 이용하면 중국의 통신망을 이용하면서도 중국에서 이용 불가능한 웹 사이트에 접속이 허용됩니다. 하지만 중국 내의 와이파이에 연결하는 순간, 접속이 불가능하게 되니 이 점을 주의하세요!

까오더 지도
웨이보
바이두 지도

DAY 09

핵심 패턴 1

그들은 무엇을 먹나요?

Tāmen 他们 그들 + chī 吃 먹다 + shénme 什么 무엇

타먼 츠 션머
Tāmen chī shénme?
他们吃什么?

>> 'shénme 什么'는 '무엇' '무슨'이라는 뜻으로 의문을 나타내요. 'shénme 什么'가 이미 의문을 나타내기 때문에 문장 끝에 'ma 吗'를 붙이지 않는다는 점에 유의하세요.

>> 'tā 他'는 '그' '그 사람'이라는 뜻으로 보통은 남자를 가리켜요. 'tāmen 他们'은 '그'의 복수 표현인 '그들'이에요. 복수의 남자와 여자를 함께 가리키는 경우에도 'tāmen 他们'을 씁니다.

핵심 패턴 2

어느 것이 맛있어요?

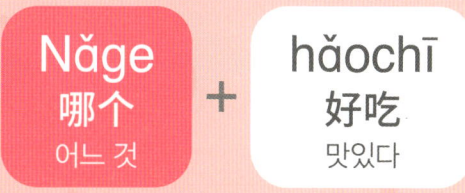

나거 하오츠
Năge hǎochī?
哪个 好吃?

>> 'năge 哪个'는 '어느 것' '어떤 것'이라는 뜻으로, 여러 개 중에 선택할 때 쓰입니다. 'năge 哪个'가 이미 의문을 나타내기 때문에 문장 끝에 'ma 吗'를 붙이지 않아요.

>> '좋다'라는 뜻을 가진 'hǎo 好'와 '먹다'라는 뜻을 가진 'chī 吃'를 합치면 '맛있다'라는 뜻인 'hǎochī 好吃'가 돼요.

짜잔! 패턴 변신

🌱 주어진 단어를 활용해 **핵심 패턴 1**을 바꿔 말하세요. 🐝 09-02

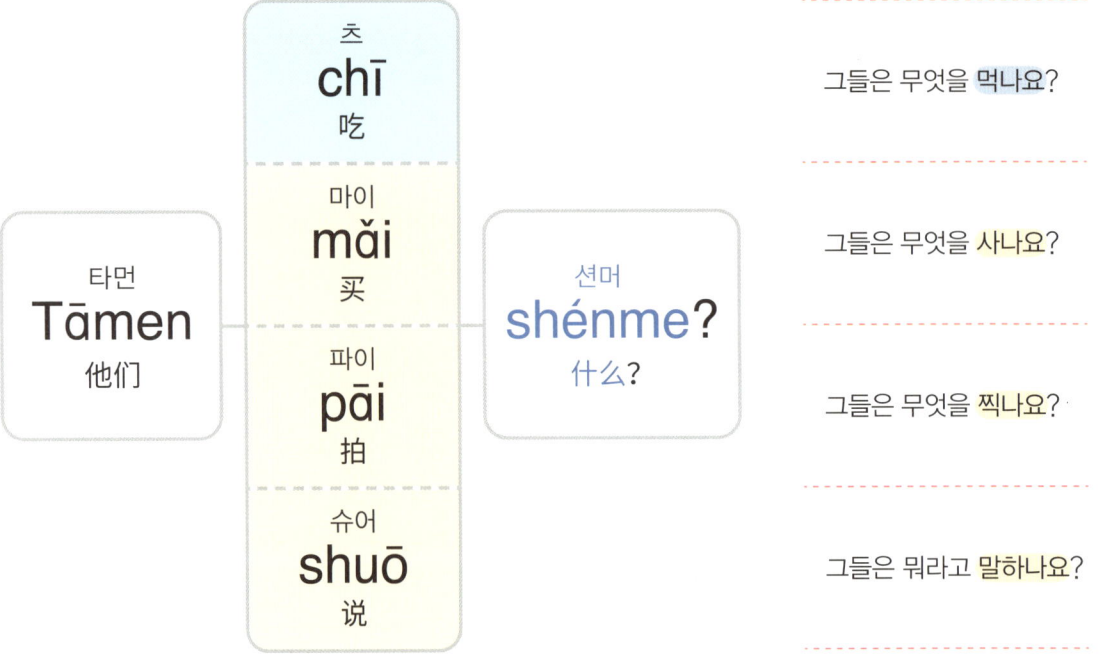

그들은 무엇을 먹나요?

그들은 무엇을 사나요?

그들은 무엇을 찍나요?

그들은 뭐라고 말하나요?

🌱 주어진 단어를 활용해 **핵심 패턴 2**를 바꿔 말하세요. 🐝 09-03

어느 것이 맛있어요?

어느 것이 예뻐요?

어느 것이 쓰기 편해요?

어느 것이 싸요?

DAY **09**

뽀각! 중간 보스

1 녹음을 듣고, 알맞은 한어병음에 O표 한 후, 한어병음과 뜻을 쓰세요. 🔊 09-04

> nǎgepiàoliangpiányihǎochīhǎoyòng

(1) 한어병음 _____   (2) 한어병음 _____

   뜻 _____   뜻 _____

2 단어의 한어병음을 순서대로 연결하여 그림을 완성하고 색칠해 보세요.

什么 무엇, 무슨

⚡ 은우와 태리는 식당에서 식사를 하려고 합니다. 🔊 09-05

태리 Tāmen chī shénme?
他们 吃 什么?

점원 Nà shì dōngpōròu、mápódòufu.
那 是 东坡肉、麻婆豆腐。

태리 Nǎge hǎochī?
哪个 好吃?

점원 Dōngpōròu shì zhāopáicài.
东坡肉 是 招牌菜。

🔊 09-06

他们 tāmen 그들 | 吃 chī 먹다 | 什么 shénme 무엇, 무슨 | 那 nà 저, 저것 | 是 shì ~이다 | 东坡肉 dōngpōròu 동파육[음식 이름] | 麻婆豆腐 mápódòufu 마파두부[음식 이름] | 哪个 nǎge 어느 것, 어떤 | 好吃 hǎochī 맛있다 | 招牌菜 zhāopáicài 간판 요리

DAY **09**

태리   저 사람들은 무엇을 먹나요?

점원   저것은 동파육, 마파두부입니다.

태리   어느 것이 맛있나요?

점원   동파육이 간판 요리예요.

이건 덤!

- 'nà 那'는 '저' '저것'이라는 뜻으로 화자로부터 멀리 떨어져 있는 것을 가리킬 때 사용해요.

- '、'는 동급의 단어나 구를 나열할 때 쓰는 문장 부호입니다. 중국어 명칭은 'dùnhào 顿号'입니다.

- 'zhāopáicài 招牌菜'는 '간판 요리' '시그니처 메뉴'라는 뜻입니다. 'zhāopái 招牌'는 '간판'을, 'cài 菜'는 '요리'를 뜻해요.

중국 꿀팁

동파육 dōngpōròu 东坡肉은 두툼한 돼지고기를 간장 등이 들어간 검붉은 양념에 조린 요리예요. 고기 반, 비계 반이라 돼지기름의 고소한 맛을 즐길 수 있어요. 항저우 Hángzhōu 杭州의 태수로 부임한 소동파가 마을 사람들에게 선물 받은 돼지고기로 요리를 해서 다시 나누어 주었다는 데서 '동파육'이라는 이름이 유래되었습니다. 중국에서 동파육만큼 사랑 받는 요리로 마파두부 mápódòufu 麻婆豆腐가 있어요. 다진 소고기를 넣은 알싸하고 매콤한 양념에 두부를 볶은 요리이며 쓰촨성에서 탄생했어요. 두 요리 모두 중국 어디서나 찾을 수 있고 한국인의 입맛에도 잘 맞으니 중국에 가면 한번 맛보세요!

동파육

마파두부

1 녹음을 듣고 그림에 맞게 A, B, C를 쓰세요. 09-07

(1) 　(2) 　(3)

2 녹음을 듣고 단어를 순서대로 연결하여 문장을 완성하세요. 09-08

중국의 맛은 어디에서 오는가

고수 xiāngcài 香菜

고수는 '중국 음식' 하면 가장 먼저 떠오르는 향신료예요. 대부분의 중국 음식에 고수가 들어갈 만큼 중국인의 고수 사랑은 대단합니다. 고수의 맛과 향이 익숙하지 않은 사람들은 흔히 '화장품 맛'이 난다고 느끼기도 합니다. 음식에 고수가 조금만 들어가도 강한 향을 내기 때문에 호불호가 많이 나뉘는 식재료입니다. 만일 고수가 싫다면 음식을 주문할 때 반드시 'Bú yào xiāngcài! 不要香菜!(고수는 빼 주세요!)'라고 말하세요.

쿠민 zīrán 孜然

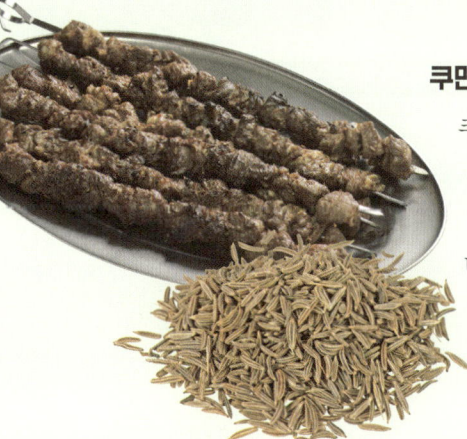

쿠민은 미나리과에 속하는 식물의 씨앗을 이용해 만든 향신료예요. 인도의 탄두리 치킨, 튀르키예의 케밥 등에 사용됩니다. 중국에서는 주로 양꼬치와 함께 먹습니다. 쿠민의 자극적인 향에 거부감을 느끼는 사람도 있지만 특유의 알싸한 향 때문에 양고기와 환상의 궁합을 이뤄요.

산초 huājiāo 花椒

산초는 강렬한 매운맛을 내는 향신료입니다. 주로 마라탕, 마라샹궈, 훠궈 등의 요리에 쓰입니다. 산초를 씹으면 혀가 마비되는 듯한 얼얼함 때문에 화들짝 놀랄 수 있으니 조심하세요!

DAY 10

핵심 패턴 1

양꼬치와 맥주 주세요.

| Wǒ 我 나 | + | yào 要 원하다 | + | yángròuchuàn 羊肉串 양꼬치 | + | **hé 和 ~와** | + | píjiǔ 啤酒 맥주 |

워   야오   양러우촨   허   피지우
Wǒ yào yángròuchuàn hé píjiǔ.
我要羊肉串和啤酒。

>> 'hé 和'는 '~와'라는 뜻으로 'A + hé 和 + B' 형식으로 쓰여 A와 B가 병렬 관계임을 나타내요.

>> 'yào 要'는 '원하다' '필요하다'라는 뜻의 동사입니다. 식당에서 음식을 주문하거나 상점에서 물건을 구매하면서 '~을 주세요.'라고 말할 때 바로 이 'yào 要'를 사용합니다.

핵심 패턴 2

소고기는 어때요?

Niúròu 牛肉 소고기 + **zěnmeyàng 怎么样** 어떠한가

니우러우 전머양
Niúròu zěnmeyàng?
牛肉怎么样?

» 'zěnmeyàng 怎么样'은 '어떠한가'라는 뜻으로 상대방에게 제안하거나 의견을 묻는 표현입니다.

» 'niú 牛'는 '소', 'ròu 肉'는 '고기'라는 뜻입니다.

짜잔! 패턴 변신

🌱 주어진 표현을 활용해 **핵심 패턴 1**을 바꿔 말하세요. 🔊 10-02

워 야오 **Wǒ yào** 我要	양러우촨　　　허　　피지우 **yángròuchuàn hé píjiǔ** 羊肉串和啤酒	**양꼬치와 맥주** 주세요.
	싼밍쯔　　　　허　　카페이 **sānmíngzhì hé kāfēi** 三明治和咖啡	샌드위치와 커피 주세요.
	마라탕　　　 허　　꿔바오러우 **málàtàng hé guōbāoròu** 麻辣烫和锅包肉	마라탕과 꿔바오러우 주세요.
	차오판　　　허　　차오몐 **chǎofàn hé chǎomiàn** 炒饭和炒面	볶음밥과 볶음면 주세요.

🌱 주어진 단어를 활용해 **핵심 패턴 2**를 바꿔 말하세요. 🔊 10-03

니우러우 **Niúròu** 牛肉	전머양 **zěnmeyàng**? 怎么样?	소고기는 어때요?
웨이따오 **Wèidào** 味道		맛은 어때요?
간쥐에 **Gǎnjué** 感觉		느낌은 어때요?
따샤오 **Dàxiǎo** 大小		사이즈는 어때요?

뽀각! 중간 보스

1 메뉴판 속 한자와 한어병음을 알맞게 연결하세요.

2 단어의 한어병음과 한자를 쓰세요.

우리말	한어병음	한자
(1) 맛		
(2) 사이즈		
(3) 느낌		

🌩 은우와 태리는 노점에서 꼬치를 사 먹으려고 합니다. 🔊 10-04

은우 Wǒ yào yángròuchuàn hé píjiǔ.
워 야오 양러우촨 허 피지우
我 要 羊肉串 和 啤酒。

직원 Méiyǒu yángròu.
메이여우 양러우
没有 羊肉。

Niúròu zěnmeyàng?
니우러우 전머양
牛肉 怎么样?

은우 Ǹg, méi wèntí.
응 메이 원티
嗯, 没 问题。

🔊 10-05

我 wǒ 나, 저 | 要 yào 원하다, 필요하다 | 羊肉串 yángròuchuàn 양꼬치 | 和 hé ~과 | 啤酒 píjiǔ 맥주 | 没有 méiyǒu 없다 | 羊肉 yángròu 양고기 | 牛肉 niúròu 소고기 | 怎么样 zěnmeyàng 어떠한가 | 嗯 ǹg [동의를 나타냄] | 没 méi 없다 | 问题 wèntí 문제

은우 양꼬치와 맥주 주세요.

직원 양고기가 없어요.
   소고기는 어떠세요?

은우 네, 괜찮아요.

이건 덤!

- 'ǹg 嗯'은 상대방의 말에 동의함을 나타냅니다. 우리말의 '응'과 발음이 비슷하다고 해서 반말은 아니라는 점에 주의하세요.

- 'méi wèntí 没问题'를 직역하면 '문제(问题)가 없다(没)'인데, '괜찮아요'라는 뜻으로 쓰입니다.

중국 꿀팁

중국 사람들은 끼니를 밖에서 해결하는 경우가 많기 때문에, 식사 때가 되면 주택가나 기숙사 근처에 전동 리어카나 미니 트럭 등을 개조한 이동식 주방이 속속들이 모여듭니다. 볶음면, 볶음밥, 죽 등 든든한 한 끼 식사를 파는 곳에서는 주문을 하는 즉시 그 자리에서 한 그릇을 뚝딱 만들어 줍니다. 주문과 동시에 조리하므로 내 입맛에 맞게 면의 종류, 속재료, 양념 등을 조절해서 주문할 수 있다는 것이 장점입니다. 그 밖에 꼬치, 러우쟈모 ròujiāmó 肉夹馍 (납작한 빵에 고기나 야채 등 속재료를 넣은 것), 젠빙 jiānbing 煎饼 (반죽을 얇게 부쳐 소스를 바르고 다진 파와 고수 등을 넣고 돌돌 만 것) 등 간단한 요깃거리를 파는 노점도 있어요.

1 녹음을 듣고 그림과 일치하면 O표, 일치하지 않으면 X표 하세요. 🔊 10-06

(1)　　　　　　(2)　　　　　　(3)

2 우리말과 일치하도록 한어병음을 순서대로 연결하고, 빈칸에 한어병음을 쓰세요.

(1) 사이즈는 어때요?

(2) 볶음밥과 맥주 주세요.

DAY 10

중국 야시장 먹거리

미식의 나라답게 중국에는 어느 지역이든 늦은 시간에도 먹거리를 즐길 수 있는 야시장이 있습니다. 한 끼 식사는 아니지만 간단히 요기할 수 있는 음식들을 중국에서는 '샤오츠 xiǎochī 小吃'라고 합니다. 노점상의 조명과 음식을 만드는 화로가 어두운 밤을 밝히는 야시장에서 경험할 수 있는 중국 특색의 샤오츠를 소개합니다.

꼬치구이 kǎochuàn 烤串

중국에서 꼬치구이로 먹는 재료는 무궁무진합니다. 양고기, 소고기는 물론이고 버섯, 부추, 가지, 감자 등의 채소, 그리고 닭 심장, 돼지 염통 등도 꼬치로 즐깁니다.

젠빙 jiānbing 煎饼

'bǐng 饼'은 반죽을 납작하게 구운 음식을 가리킵니다. 젠빙은 동그랗고 넓은 철판 위에 반죽을 얇게 부쳐 소스를 바르고 부드러운 여우탸오와 다진 파, 고수 등을 넣어 돌돌 말아 먹는 간식이에요. 반죽을 쓱쓱 펴 바르고 착착 접는 직원의 현란한 손길이 보는 맛을 더합니다.

량피 liángpí 凉皮

시안 Xī'ān 西安 특색 요리인 량피는 요리법이 간단하기 때문인지 중국 어디를 가나 쉽게 찾아 볼 수 있어요. 흐물흐물하고 넓적한 면을 매콤새콤한 소스에 비벼 먹는 음식이에요. 가게에 따라 땅콩 소스를 넣어 고소한 맛을 더하기도 합니다.

셔우좌빙 shǒuzhuābǐng 手抓饼

쫀득쫀득한 반죽을 철판에 노릇노릇하게 구운 간식이에요. 계란, 상추, 소세지, 베이컨 등 속 재료와 케첩, 칠리, 머스터드 등 소스를 모두 선택해야 해서 주문의 난이도가 높지만 지나가다가 셔우좌빙이 보인다면 꼭 도전해 보세요.

빠오즈 bāozi 包子

중국은 만두 요리가 매우 발달해서 그 종류도 다양합니다. 우리가 흔히 '왕만두'나 '찐빵'이라고 부르는 둥글넓적하고 피가 포슬포슬한 만두를 중국에서는 'bāozi 包子'라고 부르는데, 만두소로 소고기나 돼지고기, 버섯, 새우를 넣은 것이 가장 대중적입니다.

MUST GO!

베이징
北京
Běijīng

인천에서 2시간

문화 유적지를 보고 싶다면
천안문 Tiān'ān Mén 天安门
고궁박물원 Gùgōng Bówùyuàn 故宫博物院

마오쩌둥의 거대한 초상화가 걸린 붉은 건물의 사진을 본 적이 있나요? 그곳은 바로 베이징의 중심지이자 랜드마크인 천안문입니다. 천안문과 고궁박물원은 연결되어 있어서 천안문 광장에서 기념 사진을 촬영한 뒤 천안문을 통과하면 고궁박물원까지 둘러볼 수 있어요. 고궁의 옛 이름은 자금성 zǐjīnchéng 紫禁城인데, 유네스코가 지정한 세계문화유산이에요.

길거리 음식을 체험하고 싶다면
왕푸징 Wángfǔjǐng 王府井

왕푸징은 베이징에서 가장 번화한 거리로 볼거리와 먹거리가 넘쳐 납니다. 백화점, 쇼핑몰이 줄지어 있어 쇼핑하기에도 좋은 곳입니다. '왕푸징 미식 거리 Wángfǔjǐng Xiǎochī Jiē 王府井小吃街'에 가면 맛있는 양꼬치를 맛볼 수 있는 건 물론, 전갈꼬치 같은 기상천외한 먹거리도 구경할 수 있어요.

중국 북방 특유의 고즈넉한 정취를 가득 풍기는 고북수진은 계획적으로 조성된 <mark>수향마을</mark>입니다. 밤이 되면 건물 곳곳에 조명이 들어와 아름다운 야경과 함께 '인생 사진'을 건질 수 있다는 사실! 마을에서 바로 만리장성을 오를 수 있어요.

★ '인생 사진'을 건지고 싶다면
고북수진 Gǔběi Shuǐzhèn
古北水镇

우리나라의 명동이나 강남 같이 번화한 <mark>상업지구</mark>인 싼리툰은 각종 쇼핑몰은 물론 분위기 있는 레스토랑과 술집이 즐비해 젊은 에너지가 넘쳐 나요. 특히 <mark>싼리툰 바 거리</mark> Sānlǐtún Jiǔbā Jiē 三里屯酒吧街에 가면 인기 있는 클럽과 감각적인 호프집을 심심치 않게 발견할 수 있어요. 외국인이 주로 찾는 거리인 만큼 외국 음식점도 많아요.

힙한 분위기를 만끽하고 싶다면
싼리툰 Sānlǐtún 三里屯

MUST EAT!

베이징
北京
Běijīng

#중국_수도_클라스
#역사_덕후에게_추천
#전통과_현대를_한번에
#만리장성도_가_보기

찡쨩러우쓰 jīngjiàngròusī 京酱肉丝

가늘게 채 썬 돼지고기를 춘장에 볶고 파를 곁들여 먹는 요리입니다. 짭짤한 맛으로 중국 가정집 식탁에 종종 오르는 음식이에요. 얇은 포두부에 싸서 먹으면 맛이 더 좋고 속도 든든하답니다. 중국 어느 식당에서나 쉽게 찾아 볼 수 있으니 중국 가정식을 먹어 보고 싶다면 꼭 한번 주문해 보세요!

베이징 카오야
Běijīng kǎoyā 北京烤鸭

카오야는 '구운 오리'라는 뜻인데 껍질은 바삭하고 속살은 촉촉해 다양한 식감을 즐길 수 있어요. 보통 밀가루 전병 위에 얇게 저민 고기, 달달한 소스, 파채와 오이채를 올려 쌈을 싸 먹는데, 오리 기름이 풍미를 더하고 파와 오이가 느끼함을 잡아 주어 질리지 않는 맛이랍니다. '취안쮜더 Quánjùdé 全聚德'는 대표적인 베이징 카오야 전문점이에요.

▲ 취안쮜더

솬양러우 shuànyángròu 涮羊肉

끓는 육수에 얇은 양고기를 살짝 담가서 익혀 먹는 양고기 샤부샤부 요리인 솬양러우는 베이징 궁중요리에서 유래했어요. 지금은 추운 겨울에 온 가족이 둘러앉아서 먹는 대중적인 음식이 되었죠. 훠궈와 달리 솬양러우 육수에는 많은 재료가 들어가지 않아요. 따라서 양고기의 풍미를 온전히 즐길 수 있습니다. 왕푸징의 '똥라이순 Dōngláishùn 东来顺'이 가장 유명한 솬양러우 전문점인데, 1903년부터 영업을 이어 오고 있어요.

▶ 똥라이순

탕후루 tánghúlu 糖葫芦

반질반질한 설탕 옷을 입은 형형색색의 과일 꼬치. 바로 탕후루입니다. 가장 대표적인 건 산사나무 열매로 만든 탕후루인데, 마치 작은 사과처럼 생겼어요. '바삭' 하고 깨지는 설탕 옷 덕분에 먹는 재미도 쏠쏠합니다. 우리나라에 '야쿠르트 아줌마'가 있다면 중국엔 '탕후루 아저씨'가 있는데요, 자전거에 꼬치를 가득 싣고 돌아다니며 탕후루를 판답니다. 오랜 시간 사랑받은 중국 북방 지역의 전통 간식이에요.

DAY 11

핵심 패턴 1

스타벅스는 어디에 있나요?

| Xīngbākè 星巴克 스타벅스 | + | zài 在 ~에 있다 | + | nǎr 哪儿 어디 |

싱빠커　　짜이　　날
Xīngbākè zài nǎr?
星巴克在哪儿?

>> 'nǎr 哪儿'은 '어디'라는 뜻으로 의문을 나타냅니다. 'ér 儿'을 발음할 때는 혀끝을 뒤로 살짝 말아 주세요! 'nǎr 哪儿'이 이미 의문을 나타내므로 문장 끝에 'ma 吗'를 붙이지 않아요.

>> '스타벅스'는 중국어로 'Xīngbākè 星巴克'라고 합니다.

>> 'zài 在'는 '~에 있다'라는 뜻으로 뒤에 장소를 나타내는 명사가 와요.

핵심 패턴 2

앞으로 가세요.

| Wǎng 往 ~을 향해 | + | qián 前 앞 | + | zǒu 走 가다 |

왕 첸 저우
Wǎng qián zǒu.
往前走。

>> 'wǎng 往'은 '~을 향해'라는 뜻입니다. 'wǎng 往 + 방향 + 동사'의 순서로 쓰여 동작의 진행 방향을 나타내요.

>> 'zǒu 走'는 주로 '걸어서 가는 것'을 가리켜요.

짜잔! 패턴 변신

🍒 주어진 단어를 활용해 **핵심 패턴 1**을 바꿔 말하세요. 🎵 11-02

스타벅스는 어디에 있나요?

서브웨이는 어디에 있나요?

까르푸는 어디에 있나요?

이케아는 어디에 있나요?

🍒 주어진 표현을 활용해 **핵심 패턴 2**를 바꿔 말하세요. 🎵 11-03

앞으로 가세요.

동쪽으로 가세요.

아래로 가세요.

오른쪽으로 꺾으세요.

뽀각! 중간보스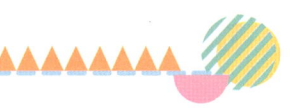

1 제시된 단어의 한어병음을 글자판에서 찾고, 한자를 따라 쓰세요.

é	g	z	à	i	n	d
n	é	d	ō	n	g	n
z	b	y	ǒ	q	ū	ǎ
ǒ	e	n	ò	à	ó	r
u	s	q	ī	u	y	ǔ
ì	g	u	ǎ	i	g	é
J	i	ā	l	è	f	ú

(1) 가다

走

(2) 어디

哪 儿

(3) ~에 있다

在

(4) 오른쪽

右

(5) 까르푸

家 乐 福

2 그림과 일치하는 한자를 골라 쓰세요.

前　下　往　拐　在　东

(1)

(2)

(3)

⚡ 태리는 행인에게 길을 묻습니다. 🐝 11-04

태리 😊 ^{칭원} ^{싱빠커} ^{짜이} ^날
Qǐngwèn, Xīngbākè zài nǎr?
请问, 星巴克 在 哪儿?

행인 ^왕 ^첸 ^{저우}
Wǎng qián zǒu.
往 前 走。

태리 😊 ^{위엔} ^마
Yuǎn ma?
远 吗?

행인 ^뿌 ^{위엔} ^헌 ^찐
Bù yuǎn, hěn 😊 jìn.
不 远, 很 近。

🐝 11-05

请问 qǐngwèn 말씀 좀 여쭙겠습니다, 실례합니다 | 星巴克 Xīngbākè 스타벅스[커피 전문점] | 在 zài ~에 있다 | 哪儿 nǎr 어디 | 往 wǎng ~을 향해 | 前 qián 앞 | 走 zǒu 가다, 걷다 | 远 yuǎn 멀다 | 吗 ma [문장 끝에서 의문을 나타냄] | 不 bù 아니다 | 很 hěn 매우, 아주 | 近 jìn 가깝다

DAY 11

태리	말씀 좀 여쭙겠습니다. 스타벅스는 어디에 있나요?
행인	앞으로 가세요.
태리	먼가요?
행인	멀지 않아요. 가까워요.

이건 덤!

- 'qǐngwèn 请问'은 '말씀 좀 여쭙겠습니다' '실례합니다'라는 뜻으로, 예의를 갖춰 다른 사람에게 무언가를 물어볼 때 쓰는 표현이에요.

- 'yuǎn 远'은 '멀다'라는 뜻입니다. 'jìn 近'은 'yuǎn 远'의 반의어로 '가깝다'라는 뜻입니다.

중국 꿀팁

카페에 앉아 바쁜 사람들 틈에서 여유를 만끽하는 것 또한 여행의 즐거움이죠. 커피 메뉴는 중국어로 어떻게 말할까요? 아메리카노는 'měishì kāfēi 美式咖啡', 라테는 'nátiě 拿铁'라고 합니다. 그 밖에 카푸치노는 'kǎbùqínuò 卡布奇诺', 모카는 'mókǎ 摩卡'라고 합니다. 차가운 것을 주문하고 싶으면 'bīng de 冰的', 따뜻한 것을 주문하고 싶으면 'rè de 热的'라고 말하면 됩니다. 이제 사이즈를 선택해야겠죠? 톨이나 레귤러 사이즈는 'zhōng bēi 中杯', 그란데나 라지 사이즈는 'dà bēi 大杯', 벤티 사이즈는 'chāo dà bēi 超大杯'라고 해요.

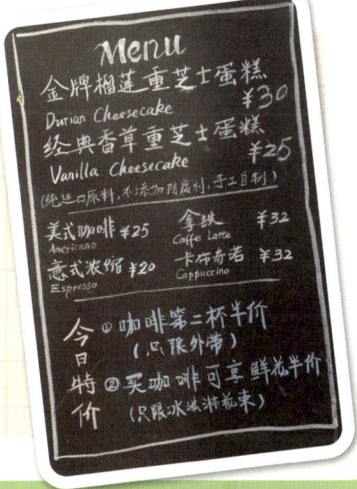

1 녹음을 듣고 목적지와 방향을 알맞게 연결하세요. 11-06

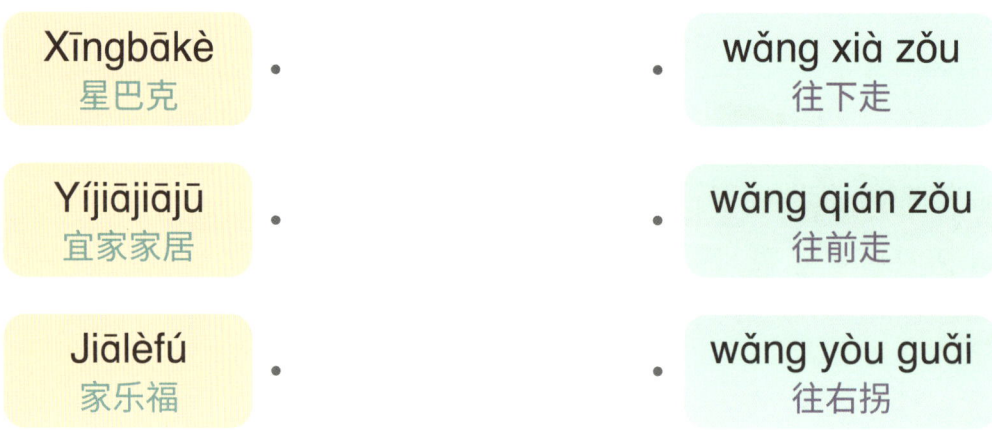

2 우리말과 일치하도록 단어를 배열해 문장을 완성하세요.

(1) 동쪽으로 가세요. →

(2) 서브웨이는 어디에 있나요? →

스타벅스로 떠나는 과거 여행

스타벅스는 세계 어디에서나 만날 수 있는 커피 전문점입니다. 스타벅스의 전형적인 모던한 외관이나 인테리어와는 다르게 각 국가나 지역의 특색을 반영하여 꾸민 지점도 있습니다. 중국에는 어떤 특별한 콘셉트의 매장이 있을까요?

베이징 베이징에는 명·청나라 때 조성되어 지금까지도 당시의 건축 양식과 분위기를 간직하고 있는 거리가 있습니다. 바로 쳰먼따제(Qiánmén Dàjiē 前门大街)인데요, 이곳에는 고풍스러운 외관을 가진 건물에서 운영되고 있는 스타벅스가 있습니다. 세월의 흐름을 간직하고 있어 더 멋스러운 건물 안으로 들어가면 현대적으로 꾸며 놓은 내부 공간과 조우할 수 있어요.

상하이 명나라 관리의 개인 정원이었던 위위안(yùyuán 豫园)은 상하이의 대표적인 관광지인 만큼 각종 카페, 식당, 가게들이 그 주변에 많이 있습니다. 그곳에 자리 잡은 스타벅스 또한 위위안 특유의 전통적이고 화려한 건축 양식을 띠고 있어요. 맞은편에는 후신팅(Húxīntíng 湖心亭)이라는 찻집이 있어, 전통과 현대가 조화를 이루는 진풍경도 볼 수 있습니다.

후신팅(Húxīntíng 湖心亭)

홍콩 홍콩의 센트럴 지역에서도 특별한 스타벅스를 찾을 수 있습니다. 1950~1970년대에 유행한 '빙섯'이라는 홍콩 다방을 재현한 매장으로, 작은 입구를 지나 매장에 들어서면 시간 여행을 하는 듯한 착각을 불러일으킵니다.
레트로한 소품을 구경하는 즐거움과 함께 에그타르트, 파인애플 번, 단팥 푸딩 등 당시 유행하던 디저트도 맛볼 수 있습니다.

DAY 12

핵심 패턴 1

그녀는 누구인가요?

| Tā 她 그녀 | + | shì 是 ~이다 | + | **shéi 谁 누구** |

타 스 셰이
Tā shì shéi?
她是谁?

» 'shéi 谁'는 '누구'라는 뜻입니다. 이미 의문을 나타내고 있기 때문에 'shéi 谁'가 들어간 문장 끝에는 일반적으로 'ma 吗'를 붙이지 않아요.

» 'tā 她'는 '그녀'라는 뜻으로 여성을 가리킬 때 사용합니다.

핵심 패턴 2

농담하지 마세요!

| Nǐ 你 너 | + | bié 别 ~하지 마라 | + | kāi wánxiào 开玩笑 농담하다 |

니 볘 카이 완샤오
Nǐ bié kāi wánxiào!
你别开玩笑!

>> 'bié 别'는 '~하지 마라'라는 뜻으로, 동사나 형용사 앞에 쓰여 금지나 만류를 표현합니다.

>> 명령문에서는 주어를 생략할 수 있습니다. 따라서 'Nǐ bié kāi wánxiào! 你别开玩笑!'에서 'nǐ 你'를 빼고 'Bié kāi wánxiào! 别开玩笑!'라고 할 수도 있어요.

짜잔! 패턴 변신

🌱 주어진 단어를 활용해 **핵심 패턴 1**을 바꿔 말하세요. 🐝 12-02

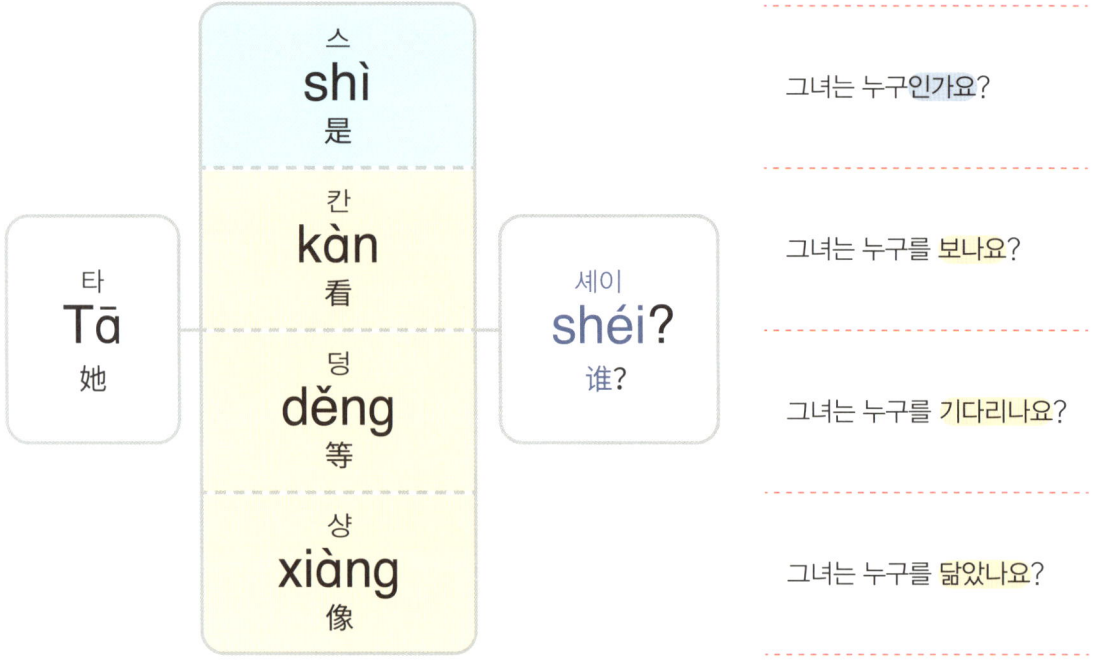

그녀는 누구인가요?

그녀는 누구를 보나요?

그녀는 누구를 기다리나요?

그녀는 누구를 닮았나요?

🌱 주어진 표현을 활용해 **핵심 패턴 2**를 바꿔 말하세요. 🐝 12-03

농담하지 마세요!

밀지 마세요!

새치기하지 마세요!

길을 돌아가지 마세요!

DAY 12

뽀각! 중간보스

1 제시된 우리말 순서대로 한어병음과 한자를 따라가며 미로를 통과하세요.

그녀 → 닮다 → 농담하다 → ~하지 마라 → 밀다

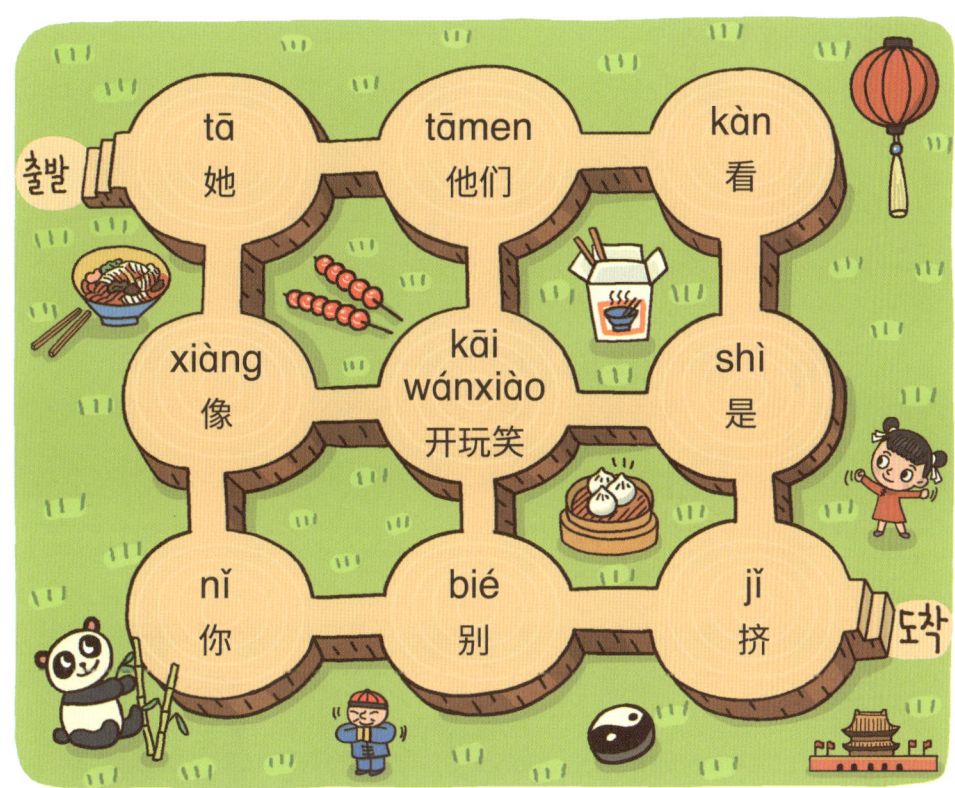

2 단어의 한어병음으로 알맞은 것을 골라 O표 하세요.

(1) 等 기다리다 — děng / něng

(2) 谁 누구 — shéi / sheí

(3) 绕路 길을 돌아가다 — rào lù / ráo lù

(4) 插队 새치기하다 — chāduì / chǎduì

⚡ 태리와 은우는 광고판을 보면서 이야기를 나눕니다. 🔊 12-04

태리 Tā shì shéi?
她 是 谁?

은우 Nǐ bié kāi wánxiào!
你 别 开玩笑!

Tā hěn yǒumíng a!
她 很 有名 啊!

태리 Wǒ bù zhīdào.
我 不 知道。

🔊 12-05

她 tā 그녀 | 是 shì ~이다 | 谁 shéi 누구 | 你 nǐ 너, 당신 | 别 bié ~하지 마라 | 开玩笑 kāi wánxiào 농담하다 | 很 hěn 매우, 아주 | 有名 yǒumíng 유명하다 | 啊 a [문장 끝에서 감탄 등을 나타냄] | 我 wǒ 나, 저 | 不 bù 아니다 | 知道 zhīdào 알다

태리 이 사람 누구야?

은우 농담하지 마!
이 사람 유명하잖아!

태리 나는 몰라.

이건 덤!

- 'a 啊'는 문장 끝에서 감탄의 어기를 나타냅니다.

- 'zhīdào 知道'는 '알다'라는 뜻이고, 부정을 나타내는 'bù 不'가 그 앞에 붙은 'bù zhīdào 不知道'는 '알지 못하다' '모르다'라는 뜻입니다.

중국 꿀팁

'중국판 프렌즈'라고 불리는 드라마 「환락송 Huānlèsòng 欢乐颂」은 같은 건물에 사는 다섯 여자들의 이야기를 그리고 있어요. 대도시 상하이를 배경으로 하기 때문에 도시 사람들의 문화와 생활상을 잘 담았다는 호평을 받았어요. 큰 인기에 힘입어 시즌 2가 제작되기도 했습니다. 「치아문단순적소미호 Zhì wǒmen dānchún de xiǎo měihǎo 致我们单纯的小美好」도 대표적인 입문용 중국 드라마입니다. 고등학생의 풋풋하고 순수한 사랑 이야기를 담아내 가볍게 보기 좋아요. 거기에 주연 배우들의 훈훈한 외모까지 더해져 많은 한국 팬들의 사랑을 받은 드라마예요.

빠샤! 최종보스

1 녹음을 듣고 그림에 맞게 A, B, C를 쓰세요. 🔊 12-06

(1)   (2)   (3)

2 우리말과 일치하도록 한어병음을 순서대로 연결하고, 빈칸에 한자를 쓰세요.

(1) 길을 돌아가지 마세요!
你别绕路！

(2) 그녀는 누구를 기다리나요?

따로 또 같이, 중국의 소수 민족

중국은 총 56개의 민족으로 이루어져 있는데, 이 중 한족(Hànzú 汉族)이 총인구의 약 92%를 차지합니다. 나머지 55개의 소수 민족은 총인구에서 차지하는 비중은 적지만 중국 전역에 거주하고 있어요. 쫭족(Zhuàngzú 壮族), 후이족(Huízú 回族), 만주족(Mǎnzú 满族), 위구르족(Wéiwú'ěrzú 维吾尔族), 먀오족(Miáozú 苗族) 순으로 인구가 많습니다. 조선족(Cháoxiǎnzú 朝鲜族)은 중국에서 14번째로 인구가 많은 소수 민족입니다.

중국은 소수 민족에 대해 유화책과 강경책을 병행합니다. 중국 영토의 60%가 넘는 소수 민족 자치 지역에서는 소수 민족이 행정권을 가지며 소수 민족의 언어, 종교, 민족적 풍습의 자유 또한 법적으로 보장됩니다. 또한 자녀 수를 제한하지 않거나, 중국의 대입 시험인 까오카오(gāokǎo 高考)에서 가산점을 주는 등 소수 민족 우대 정책을 시행하기도 합니다.

반면에 중국은 티베트족(Zàngzú 藏族)이나 위구르족 등 한족 사회에 동화되기를 원하지 않는 소수 민족을 탄압하여 비판받기도 합니다. 또한 소수 민족이 주로 거주하는 서쪽 지역이 베이징, 상하이 등의 동쪽 지역에 비해 낙후되어 있어 '동서격차'가 점점 벌어지고 있는 것도 소수 민족의 불만 중 하나입니다.

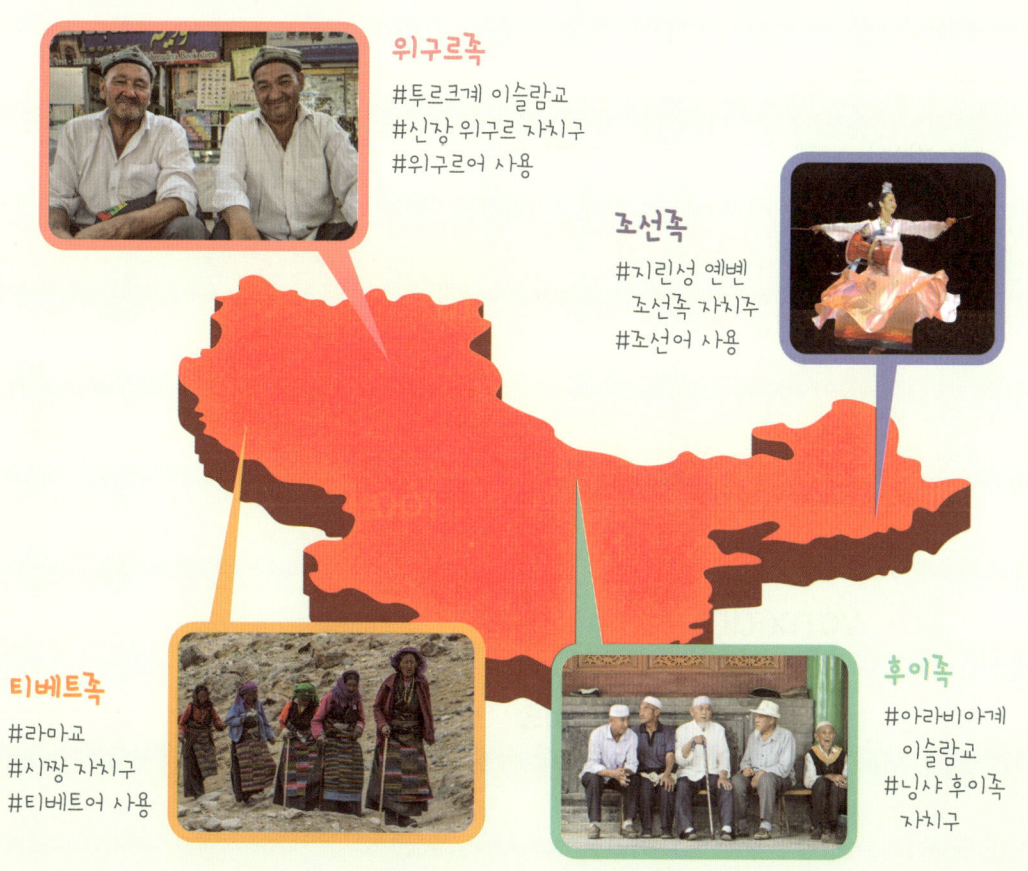

위구르족
#투르크계 이슬람교
#신장 위구르 자치구
#위구르어 사용

조선족
#지린성 옌볜 조선족 자치주
#조선어 사용

티베트족
#라마교
#시짱 자치구
#티베트어 사용

후이족
#아라비아계 이슬람교
#닝샤 후이족 자치구

DAY 13

핵심 패턴 1

이카통 한 장이요.

| Yì 一 1 | + | zhāng 张 장 | + | Yìkǎtōng 一卡通 이카통 |

이　　　짱　　　이카통
Yì zhāng Yìkǎtōng.
一张一卡通。

>> 중국어에서 물건이나 사람을 세는 단위를 '양사'라고 합니다. 그중 'zhāng 张'은 종이, 카드 등 넓고 평평한 물건을 셀 때 쓰는 양사예요.

>> 양사를 쓸 때는 보통 '수사 + 양사 + 명사' 순으로 씁니다.
　　　　yì zhāng Yìkǎtōng 一张一卡通　이카통 한 장

>> 'yī 一'는 단독으로 쓰이는 경우, 원래 성조인 제1성으로 발음합니다. 하지만 'yī 一' 뒤에 제1성, 제2성, 제3성이 오면 제4성 'yì'로, 뒤에 제4성이 오면 제2성 'yí'로 발음합니다.

>> '이카통'은 중국의 교통카드입니다.

핵심 패턴 2

좀 기다려 주세요.

Nín 您 당신 + děng 等 기다리다 + yíxià 一下 좀 ~하다

닌 덩 이샤
Nín děng yíxià.
您等一下。

>> 'yíxià 一下'는 동사 뒤에 쓰여 '좀 ~하다' '한번 ~해 보다'라는 뜻을 나타냅니다. '기다리다'라는 뜻의 'děng 等' 뒤에 'yíxià 一下'를 쓰면 '좀 기다리다' '한번 기다려 보다'라는 의미가 됩니다.

>> 'nín 您'은 상대방을 높여 부르는 말입니다.

짜잔! 패턴 변신

🍒 주어진 표현을 활용해 **핵심 패턴 1**을 바꿔 말하세요.  13-02

이카통 한 장이요.

칭다오 맥주 두 병이요.

라테 세 잔이요.

옷 네 벌이요.

🍒 주어진 단어를 활용해 **핵심 패턴 2**를 바꿔 말하세요. 🐝 13-03

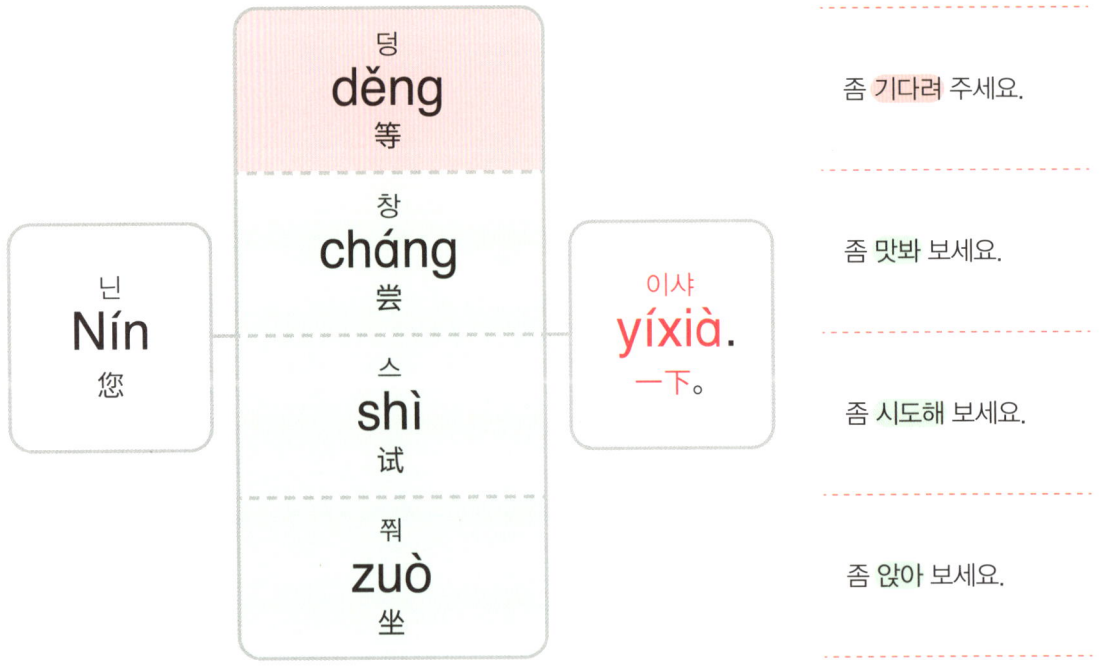

좀 기다려 주세요.

좀 맛봐 보세요.

좀 시도해 보세요.

좀 앉아 보세요.

뽀각! 중간보스

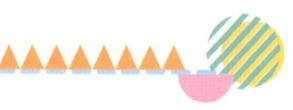

1 사다리를 타고 내려가 단어의 뜻을 쓰세요.

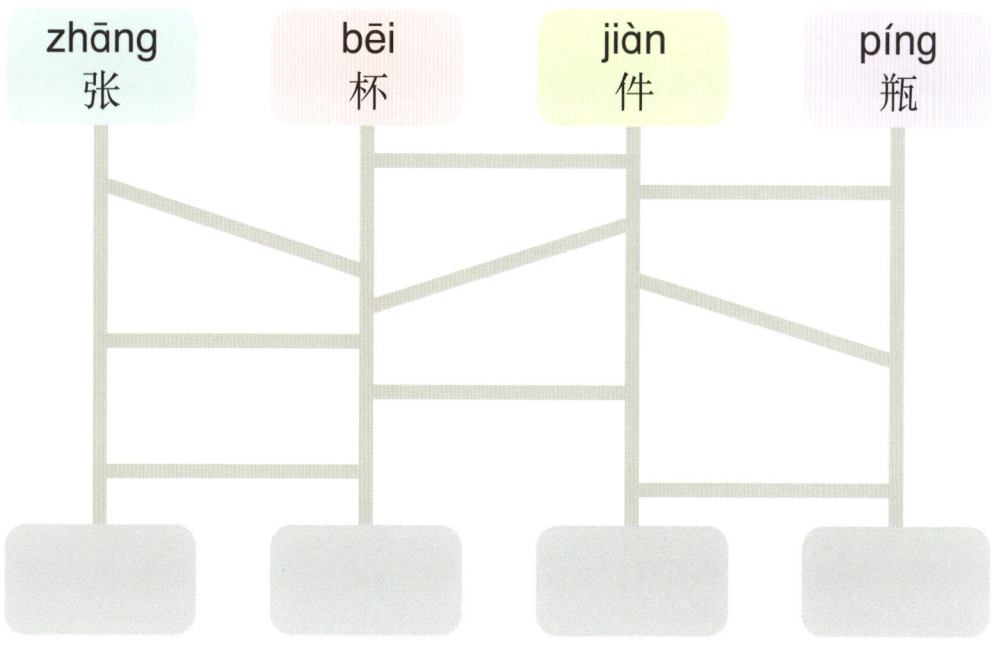

| zhāng 张 | bēi 杯 | jiàn 件 | píng 瓶 |

2 녹음을 듣고, 알맞은 한어병음에 O표 한 후, 한어병음과 뜻을 쓰세요. 🎵 13-04

nátiěsānshìchángyīfunínliǎng

(1) 한어병음 _____   (2) 한어병음 _____

뜻 _____   뜻 _____

⚡ 은우는 지하철역에서 이카통을 사려고 합니다. 🔊 13-05

직원
닌 야오 션머
Nín yào shénme?
您 要 什么?

은우
이 짱 이카통
Yì zhāng Yìkǎtōng.
一 张 一卡通。

직원
하오 닌 덩 이샤
Hǎo. Nín děng yíxià.
好。 您 等 一下。

🔊 13-06

您 nín 당신, 귀하 | 要 yào 원하다, 필요하다 | 什么 shénme 무엇, 무슨 | 一 yī 1, 하나 |
张 zhāng 장[넓고 평평한 물건을 세는 단위] | 一卡通 Yìkǎtōng 이카통[중국 교통카드] | 好 hǎo 좋다 |
等 děng 기다리다 | 一下 yíxià 좀 ~하다, 한번 ~해 보다

DAY **13**

직원	무엇을 드릴까요?
은우	이카통 한 장이요.
직원	네, 좀 기다려 주세요.

이건 덤!

- 'Nín yào shénme? 您要什么?'는 '무엇을 원하시나요?'라는 뜻으로 필요한 것이 무엇인지 묻는 표현이에요. 대답할 때도 'yào 要'를 써서 'Wǒ yào ○○. 我要○○.'이라고 하면 됩니다. 문장 전체를 말하지 않고 대화처럼 간단히 '원하는 물건만' 얘기해도 OK입니다.

중국 꿀팁

이카통 Yīkǎtōng 一卡通은 중국에서 지하철, 버스, 고속버스 등을 탈 때 사용하는 교통카드예요. '카드卡 하나一로 통하다通'라는 뜻을 갖고 있죠. 버스를 탈 때 요금을 현금으로 내면 잔돈을 거슬러 주지 않기도 하고, 이카통을 사용하면 요금도 할인되기 때문에 이카통을 사용하는 게 좋아요. 일부 택시에서도 결제가 가능하고 편의점에서도 사용할 수 있습니다. 이렇게 편리한 이카통은 공항이나 지하철역 등에서 구매하거나 또는 스마트폰 앱으로 사용할 수도 있답니다. 원래 이카통은 구매한 도시에서만 쓸 수 있었는데 전국 이카통 통합 프로젝트를 통해 '교통연합 Jiāotōng Liánhé 交通联合' 마크가 있는 카드는 다른 도시에서도 사용할 수 있게 되었어요. 2020년 1월 기준, 270여 개 도시에서 교통연합 이카통이 사용되고 있고 그 수는 계속 늘어날 전망입니다.

1 그림을 보고 둘 중 알맞은 것을 고르세요.

(1) Liǎng jiàn / zhāng yīfu.
两 件 / 张 衣服。

(2) Nín shì / děng yíxià.
您 试 / 等 一下。

(3) Sān bēi / píng Qīngdǎo Píjiǔ.
三 杯 / 瓶 青岛啤酒。

2 우리말과 일치하도록 단어를 배열해 문장을 완성하세요.

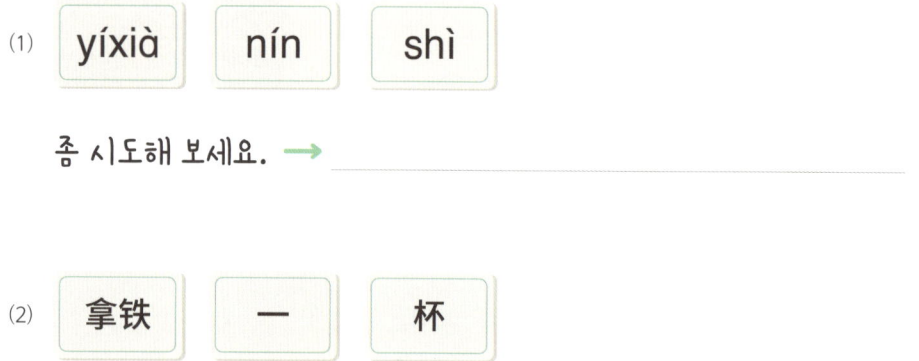

(1) yíxià   nín   shì

좀 시도해 보세요. →

(2) 拿铁   一   杯

라테 한 잔이요. →

DAY **13**

중국에서 지하철을 탄다면?

보안 검색

중국은 지하철역에 보안 검색대가 설치되어 있습니다. 가방이나 액체류를 엑스레이 검색대에 통과시켜야만 개찰구를 통과할 수 있습니다. 조금 번거롭고 시간이 걸리지만 지하철 내 안전을 위한 절차이기 때문에 모두가 안내 요원의 지시에 따라 검사를 받아요. 간혹 생수를 비롯한 음료를 가지고 탈 경우 위험한 액체가 아니라는 걸 확인하기 위해 한 모금 마셔 보라고 할 수도 있으니 당황하지 마세요.

다양한 요금 결제 시스템

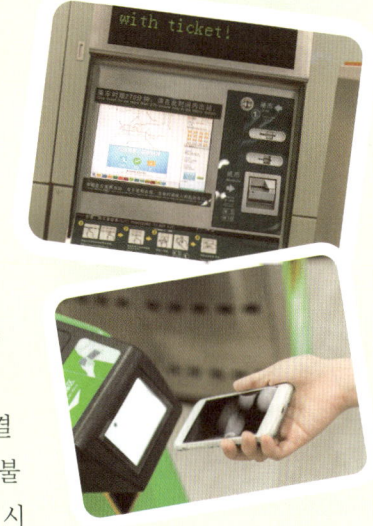

중국도 우리나라와 마찬가지로 지하철역에 있는 창구나 발권기에서 승차권을 구매할 수 있어요. 현금만 지원하는 우리나라와는 달리 중국의 발권기는 다양한 결제 방식을 지원합니다. 현금, 카드는 물론 위챗페이나 알리페이 등의 모바일 결제 시스템을 통해 결제할 수도 있어요. 아니면 따로 표를 구매하지 않고 미리 앱에 등록해 둔 QR코드를 개찰구의 스캐너에 인식시켜서 지하철에 바로 탑승할 수도 있습니다.

중국에서는 한 발 더 나아가 안면인식 기술을 이용한 요금 결제 시스템을 도입하고 있습니다. '중국의 실리콘밸리'라고 불리는 선전(Shēnzhèn 深圳)시에서는 일부 역에 도입하여 시범적으로 운영하고 있고, 지난(Jǐnán 济南)시에서는 전체 노선에 도입하여 운영하고 있습니다. 사용 방법은 간단해요. 관련 앱에 얼굴을 등록하고 결제할 은행 계좌나 위챗페이, 알리페이 등을 연동하면 됩니다. 지하철역 개찰구에 설치되어 있는 태블릿 PC 크기의 스캐너에 얼굴을 인식시키고 개찰구를 통과하면 요금은 자동으로 결제됩니다.

DAY 14

핵심 패턴 1

몇 분이세요?

Jǐ 几 몇 + wèi 位 분

지 웨이
Jǐ wèi?
几位?

>> 'jǐ 几'는 '몇'이라는 뜻으로 수량을 묻는 표현입니다. 주로 예상되는 수량이 크지 않을 때 사용합니다. 'jǐ 几'가 이미 의문을 나타내기 때문에 문장 끝에 'ma 吗'를 붙이지 않습니다.

>> 'wèi 位'는 '분' '명'이라는 뜻으로 사람을 높여서 셀 때 쓰는 양사예요.

핵심 패턴 2

당신은 언제 오나요?

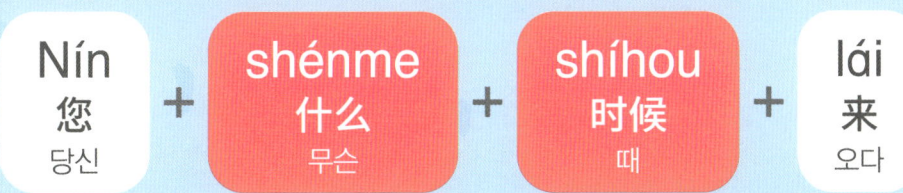

| Nín 您 당신 | + | shénme 什么 무슨 | + | shíhou 时候 때 | + | lái 来 오다 |

닌   셤머   스허우   라이
Nín shénme shíhou lái?
您什么时候来?

>> '무슨' '무엇'을 뜻하는 'shénme 什么'와 '때' '시각'을 뜻하는 'shíhou 时候'가 합쳐진 '什么时候 shénme shíhou'는 '언제'라는 뜻입니다. 'shénme 什么'가 이미 의문을 나타내기 때문에 문장 끝에 'ma 吗'를 붙이지 않습니다.

짜잔! 패턴 변신

🌱 주어진 단어를 활용해 **핵심 패턴 1**을 바꿔 말하세요. 🎵 14-02

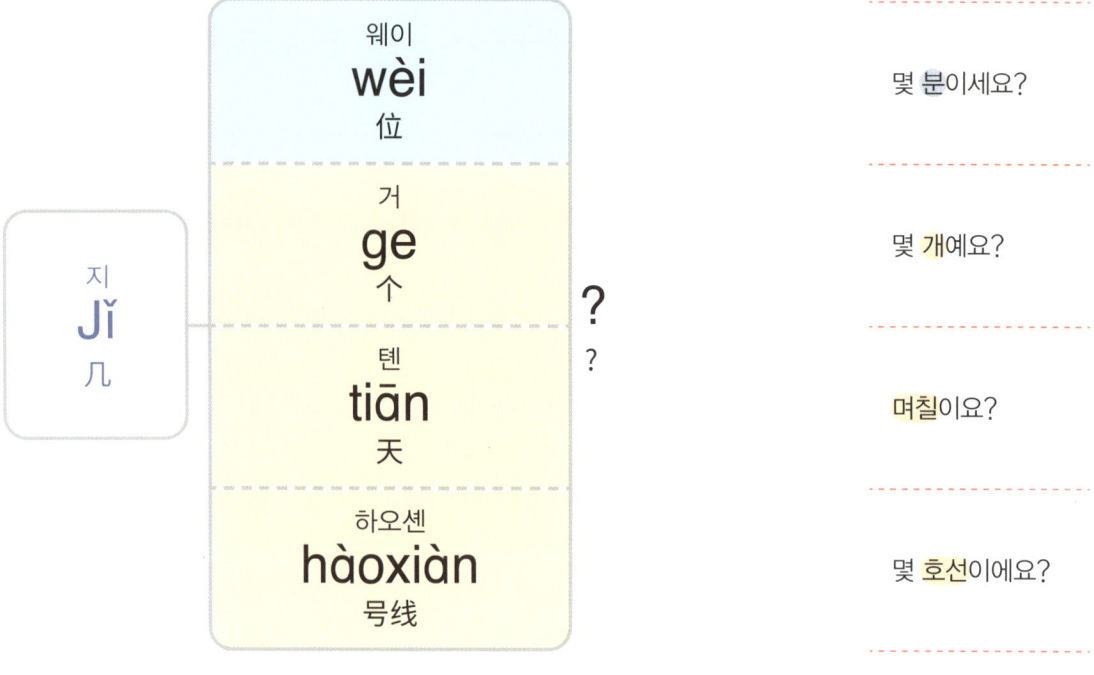

🌱 주어진 표현을 활용해 **핵심 패턴 2**를 바꿔 말하세요. 🎵 14-03

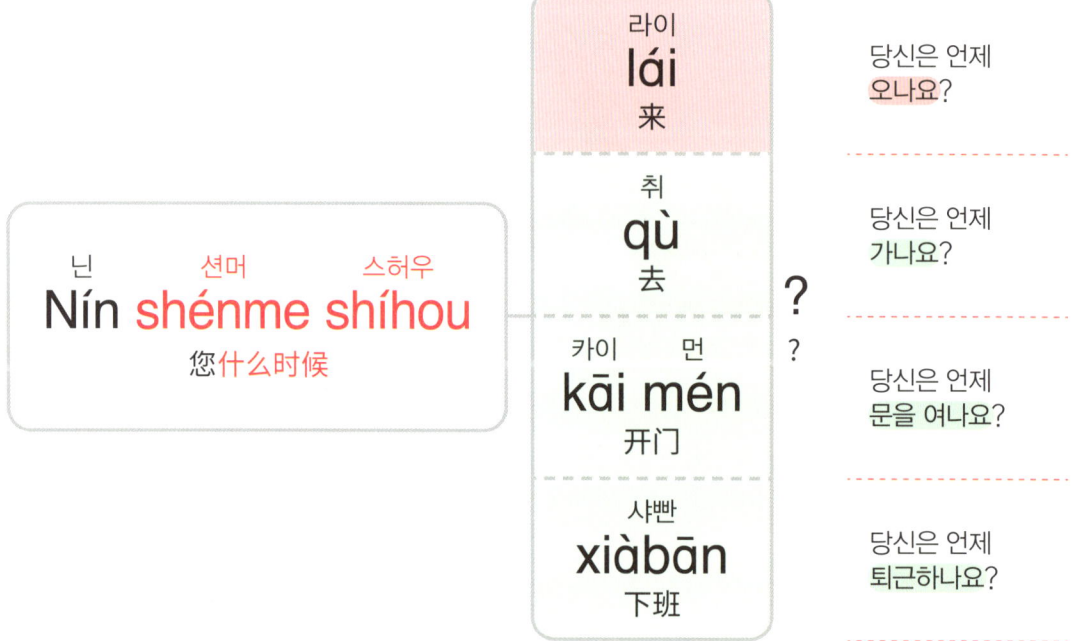

뽀각! 중간보스

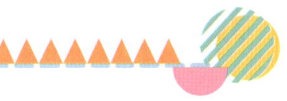

1 단어의 한어병음과 한자를 쓰세요.

우리말	한어병음	한자
(1) 분		
(2) 오다		
(3) 가다		
(4) 퇴근하다		
(5) 호선		

2 단어의 한어병음을 순서대로 연결하여 그림을 완성하세요.

开门 문을 열다

⚡ 태리는 식당에 예약 전화를 겁니다. 🎧 14-04

직원 Jǐ wèi?
几 位?
(지 웨이)

태리 Liǎng ge rén.
两 个 人。
(량 거 런)

직원 Nín shénme shíhou lái?
您 什么 时候 来?
(닌 션머 스허우 라이)

태리 Liù diǎn.
六 点。
(리우 덴)

🎧 14-05

几 jǐ 몇 | 位 wèi 분, 명 | 两 liǎng 2, 둘 | 个 ge 명, 개 | 人 rén 사람 | 您 nín 당신 | 什么 shénme 무엇, 무슨 | 时候 shíhou 때, 시각 | 来 lái 오다 | 六 liù 6, 여섯 | 点 diǎn 시

직원　몇 분이세요?

태리　두 명이요.

직원　언제 오시나요?

태리　여섯 시요.

이건 덤!

- 숫자 2는 'èr 二'이지만 양사와 함께 쓰여 개수를 셀 때는 'liǎng 两'이라고 해요.

- 'Jǐ wèi? 几位?'에서는 상대방을 높여서 세기 위해 'wèi 位'를 썼지만, 스스로를 가리킬 때는 'ge 个'를 써서 'Liǎng ge rén. 两个人。'과 같이 표현합니다. 'ge 个'는 사람이나 물건에 모두 사용할 수 있는 양사입니다.

- 'diǎn 点'은 '시'라는 뜻으로 시각을 나타냅니다.

중국 꿀팁

중국어 간판을 읽지 못해 식당을 고르지 못할 때 만만하게 갈 만한 중국의 체인 음식점을 소개합니다. '외할머니네'라는 친근한 이름을 가진 '와이포지아 Wàipójiā 外婆家'는 중국 가정식 체인점의 일인자예요. 마파두부 등을 합리적인 가격으로 즐길 수 있어 관광객은 물론 현지인들도 사랑하는 곳입니다. 그리고 우리나라까지 사업을 확장한 훠궈 전문점 '하이디라오 Hǎidǐlāo 海底捞' 또한 좋은 선택지입니다. 탕에 들어갈 재료를 일일이 주문할 자신이 없을 때는 모둠메뉴 pīnpán 拼盘를 주문하면 간편합니다.

와이포지아

하이디라오

1 우리말과 일치하도록 한어병음을 순서대로 연결하고, 빈칸에 한자를 쓰세요.

(1) 당신은 언제 오나요? _____

(2) 몇 개예요? _____

2 그림을 보고 말풍선에 들어갈 말을 한자로 쓰세요.

Liǎng ge rén. 两个人。

 중국인들은 왜 모바일 결제를 선호할까?

익히 알려진 바와 같이 중국에서는 모바일 결제가 매우 활성화되어 있습니다. 마트나 식당뿐만 아니라 택시, 노점, 재래시장에서도 휴대폰으로 결제하는 모습을 쉽게 찾을 수 있어요. 중국에서는 어떻게 모바일 결제 시스템이 대중화될 수 있었을까요?

사실 이는 위조지폐와 관련이 있습니다. 중국은 위조지폐가 종종 유통되어서 가게마다 위조지폐 판별기가 있어요. 계산할 때 100위안짜리 지폐를 건네면 위조지폐 판별기에 한번 확인해 보는 경우가 많고, 학교에서 위조지폐를 구별하는 방법을 가르치기도 합니다. 그럼에도 날로 정교해지는 위조지폐 때문에 골머리를 앓고 있던 업자들에게 현금이 필요 없는 모바일 결제 시스템은 두 팔 벌려 환영할 만한 것이었죠. 게다가 중국의 스마트폰 보급률이 폭발적으로 늘어남에 따라 모바일 결제 시스템이 빠르게 자리 잡을 수 있었습니다. 모바일 결제 시스템이 등장하기 전에 중국의 신용카드 사용률이 낮았던 것도 모바일 결제 시스템이 빠르게 확산된 이유 중 하나로 볼 수 있습니다.

중국인이 주로 이용하는 모바일 결제 플랫폼은 알리바바의 '알리페이(Zhīfùbǎo 支付宝)'와 텐센트의 '위챗페이(Wēixìn Zhīfù 微信支付)'인데요, 알리페이나 위챗페이를 사용하려면 먼저 중국에서 개설한 은행 계좌가 필요합니다. 외국인도 중국에서 은행 계좌를 개설할 수 있으니 오랫동안 중국에 체류할 예정이라면 모바일 결제 서비스에 가입하는 것이 좋겠죠? 은행 계좌를 개설할 때 함께 발급되는 은행 카드 정보를 계정에 등록하면 모바일 결제를 위한 모든 준비가 끝납니다. 은행 계좌에서 모바일 결제 시스템의 지갑으로 잔액을 충전해서 사용하는 구조이니, 당연히 은행 계좌에 잔액이 있어야 해요.

모바일 결제 방법은 두 가지입니다. '구매자가 판매자의 QR코드를 스캔해 송금하는 방법'과 '판매자가 구매자의 QR코드를 스캔하는 방법'이 있어요. 그래서 계산대에서 손님이나 가게 주인이 'Wǒ sǎo nǐ háishi nǐ sǎo wǒ? 我扫你还是你扫我? (제가 스캔할까요? 아니면 당신이 스캔하시겠어요?)' 하고 묻는 모습을 볼 수도 있어요.

DAY 15

핵심 패턴 1

이거 얼마예요?

| Zhège 这个 이것 | + | duōshao 多少 얼마 | + | qián 钱 돈 |

쩌거 뚸샤오 쳰
Zhège duōshao qián?
这个多少钱?

>> 'duōshao qián 多少钱'을 직역하면 '얼마의 돈인가요?'라는 뜻입니다. 즉, '얼마예요?' 라는 뜻으로 가격을 묻는 표현이에요.

>> 'zhège 这个'는 '이' '이것'이라는 뜻으로 화자로부터 가까이 있는 것을 가리킬 때 쓰는 표현입니다. 화자로부터 멀리 있는 '저' '저것'은 'nàge 那个'라고 표현합니다. 'zhège 这个'의 발음이 우리말의 '저것'과 비슷해 헷갈릴 수 있으니 주의하세요.

핵심 패턴 2

80위안이요.

Bāshí 八十 80 + **kuài 块** 위안

빠스 콰이
Bāshí kuài.
八十块。

>> 'kuài 块'는 중국의 화폐 단위로 'yuán 元'에 해당해요. 'kuài 块'는 주로 입말에, 'yuán 元'은 주로 글말에 쓰입니다.

>> 중국어의 숫자 표현법은 우리말과 비슷해요. 숫자 80은 8을 뜻하는 'bā 八'와 10을 나타내는 'shí 十'를 나열해 'bāshí 八十'라고 합니다. 숫자 18은 반대로 'shíbā 十八'라고 해요.

🍒 주어진 단어를 활용해 **핵심 패턴 1**을 바꿔 말하세요. 🔊 15-02

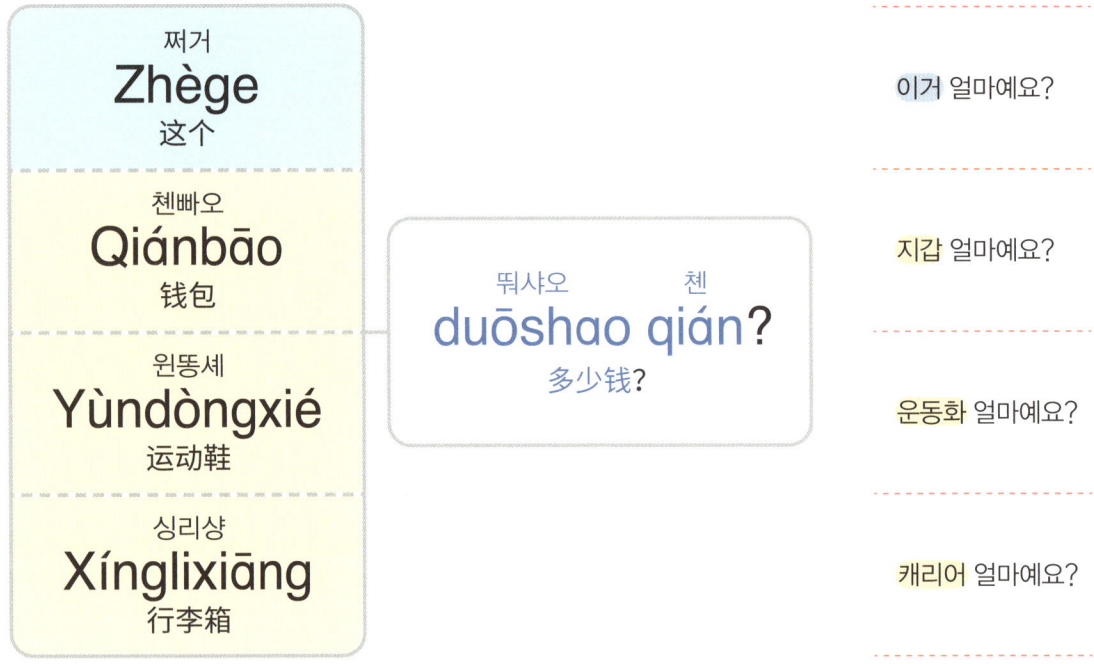

이거 얼마예요?

지갑 얼마예요?

운동화 얼마예요?

캐리어 얼마예요?

🍒 주어진 표현을 활용해 **핵심 패턴 2**를 바꿔 말하세요. 🔊 15-03

80위안이요.

20위안이요.

150위안이요.

209위안이요.

뽀각! 중간 보스

1 제시된 단어의 한어병음을 글자판에서 찾고, 한자를 따라 쓰세요.

b	ā	s	h	í	l	q
l	z	h	x	i	é	i
i	h	k	k	h	á	á
ǎ	è	z	u	x	i	n
n	g	n	ǎ	à	ō	b
g	e	h	i	ò	i	ā
d	u	ō	s	h	a	o

(1) 이것   这个

(2) 얼마   多少

(3) 위안   块

(4) 지갑   钱包

(5) 80   八十

2 단어의 한어병음으로 알맞은 것을 골라 O표 하세요.

(1) 二十 20   èrshí   liǎngshí

(2) 八十 80   shíbā   bāshí

(3) 一百五十 150   yìbǎi wǔ líng   yìbǎi wǔshí

(4) 两百零九 209   liǎngbǎi líng jiǔ   liǎngbǎi jiǔ

⚡ 쇼핑을 하러 간 은우가 상인에게 가격을 물어봅니다. 🎧 15-04

은우
쩌거 뚸샤오 첸
Zhège duōshao qián?
这个 多少 钱?

상인
빠스 콰이
Bāshí kuài.
八十 块。

은우
야오따이 너
Yāodài ne?
腰带 呢?

상인
이바이 리우
Yìbǎi liù.
一百 六。

🎧 15-05

这个 zhège 이, 이것 | 多少 duōshao 얼마 | 钱 qián 돈 | 八 bā 8, 여덟 | 十 shí 10, 열 | 块 kuài 위안[중국의 화폐 단위] | 腰带 yāodài 벨트 | 呢 ne ~은요? | 一 yī 1, 하나 | 百 bǎi 100, 백 | 六 liù 6, 여섯

은우　이거 얼마예요?

상인　80위안이요.

은우　벨트는요?

상인　160위안이요.

이건 덤!

- 숫자의 마지막이 '0'으로 끝나는 경우, 구어에서는 자주 마지막 단위를 생략해서 말합니다. 예를 들어 160은 'yìbǎi liùshí 一百六十'라고 표현하기도 하지만, 마지막 단위인 'shí 十'를 생략하고 'yìbǎi liù 一百六'라고 말할 수도 있습니다. 'yìbǎi liù 一百六'를 들었을 때 '106'이라고 생각하면 안 됩니다!

중국 꿀팁

중국의 법정 화폐는 '런민삐(RMB) rénmínbì 人民币'입니다. 런민삐의 단위로는 '위안 yuán 元' '쟈오 jiǎo 角' '펀 fēn 分'이 있고, 쟈오는 위안의 1/10, 펀은 쟈오의 1/10입니다. 런민삐 지폐에는 100위안, 50위안, 20위안, 10위안, 5위안, 1위안이 있고 앞면에는 모두 중국의 초대 주석인 마오쩌둥 Máo Zédōng 毛泽东의 초상이 그려져 있습니다. 1위안은 우리나라 돈으로 약 190원에 해당합니다. (2023년 4월 기준)

빠샤! 최종 보스

1 녹음을 듣고 알맞은 가격을 가격표에 숫자로 쓰세요. 🎵 15-06

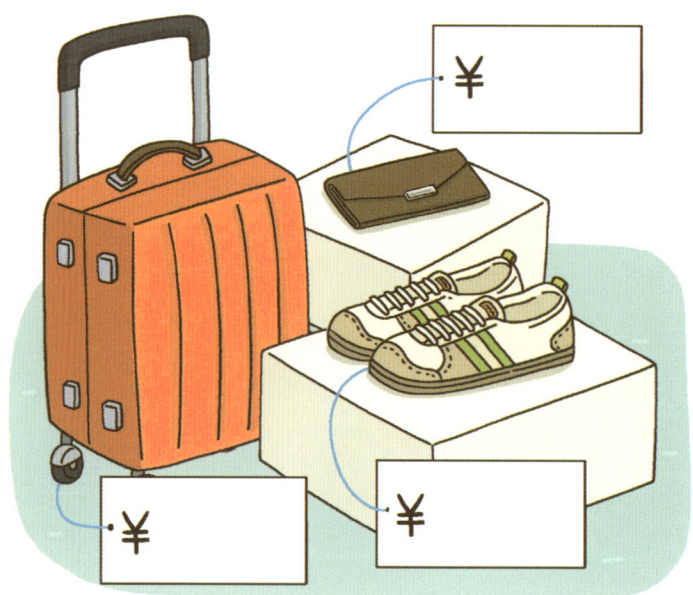

2 우리말과 일치하도록 단어를 배열해 문장을 완성하세요.

(1)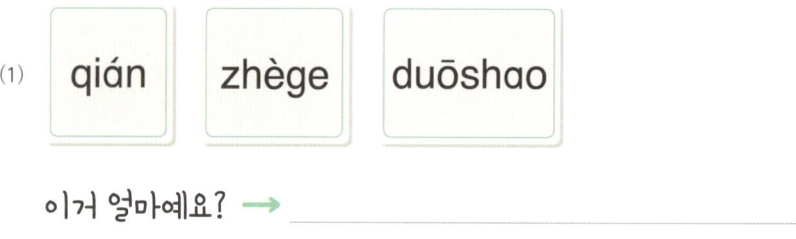

이거 얼마예요? → _____

(2)

150 → _____

중국 여행 **쇼핑** 리스트

해외 여행을 가면 우리나라에는 없는 먹거리들로 캐리어를 두둑이 채워 오는 것이 또 하나의 즐거움이죠. 중국에서 사 올 만한 먹거리에는 무엇이 있는지 소개합니다.

꽈즈 guāzǐ 瓜子

꽈즈는 씨앗을 볶아 소금, 후추 등으로 양념한 간식으로 주로 해바라기씨를 많이 먹어요. 해바라기씨를 세워서 앞니로 물면 똑 하고 쪼개지는데 껍질은 버리고 안의 씨앗만 먹으면 됩니다. 정신없이 먹다 보면 껍질이 한가득 쌓일 정도로 중독적이에요. 챠챠(Qiàqià 洽洽)라는 브랜드의 꽈즈가 가장 유명해요.

차 chá 茶

중국은 세계적인 차 생산국이자 소비국입니다. 그래서 중국에서 차를 사 오려는 사람도 많은데요, 요즘에는 화려한 틴케이스에 찻잎을 담아 파는 가게가 많아졌어요. 시음해 볼 수도 있으니 취향에 따라 구입하기 좋겠죠?

마화 máhuā 麻花

주로 베이징, 톈진 등 북쪽 지역에서 많이 먹는 간식으로, 다소 딱딱한 튀긴 꽈배기입니다. 꽈배기에 참깨, 호두, 땅콩 등을 더하기도 합니다. 톈진의 꾸이파샹(Guìfāxiáng 桂发祥)이라는 브랜드가 가장 유명해요.

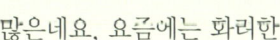

맥주 píjiǔ 啤酒

'중국 맥주' 하면 '칭다오'만 떠오르나요? 중국은 전 세계에서 맥주 생산량이 가장 많은 나라입니다. 중국 최초의 맥주인 '하얼빈 맥주', 베이징을 대표하는 '옌징(Yānjīng 燕京) 맥주'도 '칭다오 맥주' 못지않게 인기 있는 맥주입니다. 우리나라에서 '슈퍼엑스'라는 이름으로 판매하는 '쉬에화(Xuěhuā 雪花) 맥주'는 중국에서 판매량이 가장 많은 맥주로 적극 추천합니다.

바이지우 báijiǔ 白酒

중국의 대표적인 증류주인 바이지우는 맑은 술입니다. 중국 최고의 명주로 꼽히는 마오타이지우(Máotáijiǔ 茅台酒)의 인기가 가장 높지만 가격도 비싸고 가품도 있습니다. 대중적인 바이지우 상품으로는 깊고 강한 향이 나는 쉐이징팡(Shuǐjǐngfáng 水井坊)이나 우량예(Wǔliángyè 五粮液)를 꼽을 수 있어요.

MUST GO!

홍콩
香港
Xiānggǎng

인천에서 3시간 30분!

★ 홍콩의 야경을 한눈에 보고 싶다면
빅토리아 피크

빅토리아 피크는 홍콩섬 서부에 위치한 산입니다. 그곳에 위치한 '피크 타워'는 63빌딩과 같은 전망대 겸 대형 쇼핑몰로 홍콩의 야경 명소로 손꼽힙니다. 피크 타워를 가장 빠르게 오를 수 있는 '피크 트램'을 타면 아름다운 홍콩 경치를 관망할 수 있습니다.

★ 야경과 공연을 함께 즐기고 싶다면
스타의 거리

매일 저녁 8시, 클래식 음악과 함께 빅토리아항 건물들을 중심으로 근사한 레이저 공연이 펼쳐집니다. 이를 '심포니 오브 라이츠(Symphony of lights)'라 부르는데, 스타의 거리는 이 공연을 즐길 수 있는 명당으로 꼽힙니다. 낮에는 해변가를 거닐며 보도블럭 위 유명 홍콩 스타들의 손도장을 구경하는 재미도 있답니다.

복잡한 도심을 떠나 여유를 만끽하고 싶다면
스탠리

한적한 분위기를 풍기는 스탠리는 <mark>홍콩섬 남부의 작은 마을</mark>입니다. 과거 영국의 군사 거점지와 홍콩섬의 행정 중심지 역할을 하며 동서양의 문화가 융합된 이색적인 곳이랍니다. 스탠리 베이를 따라 여유롭게 해변가를 둘러볼 수도 있고 잡화가 가득한 스탠리 마켓을 구경하는 재미도 쏠쏠합니다.

기념품을 '득템' 하고 싶다면
템플 거리 야시장·몽콕 야시장

홍콩은 쇼핑천국이라 불리는 만큼 '득템'의 꿈을 안고 여행길에 오르기 마련이죠. 특히 아기자기한 기념품을 사고 싶을 때는 야시장을 추천해요. <mark>템플 거리 야시장</mark>과 <mark>몽콕 야시장</mark>은 홍콩 야시장의 양대 산맥입니다. 꼬치, 과일, 음료 등 먹거리도 풍성해서 오감이 즐거운 곳이에요.

MUST EAT!

홍콩
香港
Xiānggǎng

#밤낮이_화려한_도시
#미식가에게_강추
#쇼핑_천국
#베이커리_맛집

▲ 팀호완에 들어가기 위해 줄서서 기다리는 사람들

딤섬
돼지고기, 새우, 팥소 등 다양한 속 재료가 들어간 딤섬은 홍콩 여행에서 빼놓을 수 없는 미식 코스예요. 주로 아침이나 점심 식사로 간단히 먹는 음식이기 때문에 저녁 시간에는 제공되지 않는 경우도 많습니다. 미쉐린 1스타의 영광을 안은 '팀호완'은 여행자들이 많이 찾는 맛집이랍니다.

완탕면
완탕면은 지역에 따라 훈툰면 húntúnmiàn 馄饨面이라고도 불리는데, 따뜻한 육수와 꼬들꼬들한 계란면에 물만두를 고명으로 올린 광둥식 면 요리입니다. '침차이키'는 「런닝맨」과 「신서유기」 등 유명 방송 프로그램에 나올 정도로 인기가 있는 곳이에요.

▲ 여러 번 '미쉐린 가이드'에 이름을 올린 침차이키

차찬텡

'차찬'은 '차와 요리'라는 뜻인데요, 차와 요리를 함께 판매하는 찻집 겸 레스토랑을 '차찬텡'이라고 합니다. '미도카페'는 대표적인 차찬텡으로 버터를 올린 프렌치토스트와 부드러운 밀크티가 간판 메뉴입니다. 브런치로 즐기기 딱 좋아요.

▲ 미도 카페 내부

▲ 타이청 베이커리

홍콩식 에그타르트

부드러운 페이스트리에 커스터드 크림이 올라간 마카오식 에그타르트와 달리, 홍콩식 에그타르트는 과자같이 딱딱한 타르트를 사용해 또 다른 식감을 즐길 수 있습니다. '타이청 베이커리'에서 제대로 된 홍콩식 에그타르트를 맛볼 수 있어요.

DAY 16

핵심 패턴 1

와이탄은 어떻게 가나요?

| Zěnme 怎么 어떻게 | + | qù 去 가다 | + | Wàitān 外滩 와이탄 |

전머   취   와이탄
Zěnme qù Wàitān?
怎么去外滩?

>> 'zěnme 怎么'는 '어떻게'라는 뜻으로 수단이나 방법을 묻는 표현이에요. 'zěnme qù 怎么去'는 주로 목적지에 어떤 교통수단을 이용해서 가는지 묻는 표현이에요.

>> 'qù 去'는 '(특정한 목적지로) 가다'라는 뜻이에요. 따라서 'qù 去' 뒤에 장소를 나타내는 명사가 함께 와요.

>> '와이탄'은 상하이 황푸강변 일대의 지명입니다.

핵심 패턴 2

버스를 타고 가요.

Zuò 坐 타다 + **gōngjiāochē 公交车** 버스 + **qù 去** 가다

쭤 꽁쨔오처 취
Zuò gōngjiāochē qù.
坐公交车去。

>> 중국어의 기본 어순은 '주어 + 술어 + 목적어'입니다. 보통 하나의 주어에 하나의 동사가 술어로 쓰이지만, 두 개 이상의 동사가 연속해서 나오는 문장이 있습니다. 핵심 패턴 2에서 첫 번째 동사(zuò 坐)는 두 번째 동사(qù 去)의 수단이나 방식을 나타냅니다.

>> 'zuò 坐'는 '타다'라는 뜻으로 교통수단과 함께 쓰입니다. 버스, 지하철, 택시, 승용차, 비행기, 배, 기차 등 대부분의 교통수단에 쓸 수 있지만 자전거나 오토바이처럼 기마 자세로 올라타는 교통수단은 'qí 骑'와 함께 쓰입니다.

짜잔! 패턴 변신

🌱 주어진 단어를 활용해 **핵심 패턴 1**을 바꿔 말하세요. 🔊 16-02

🌱 주어진 단어를 활용해 **핵심 패턴 2**를 바꿔 말하세요. 🔊 16-03

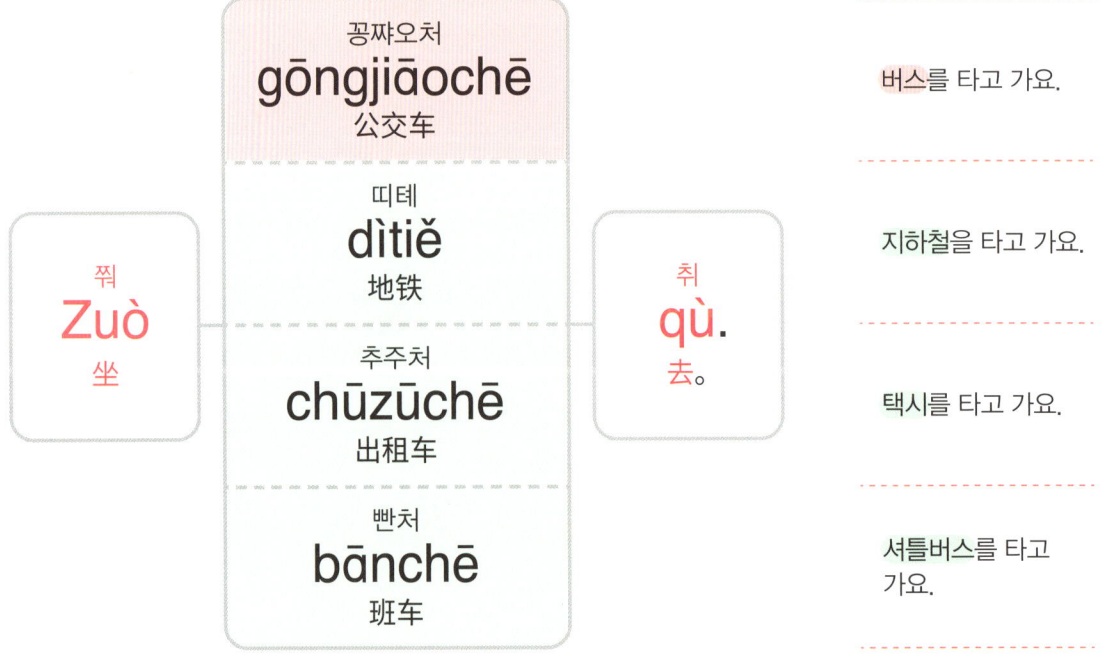

DAY **16**

뽀각! 중간 보스

1 제시된 우리말 순서대로 한어병음과 한자를 따라가며 미로를 통과하세요.

버스 → 와이탄 → 가다 → 셔틀버스 → 지하철

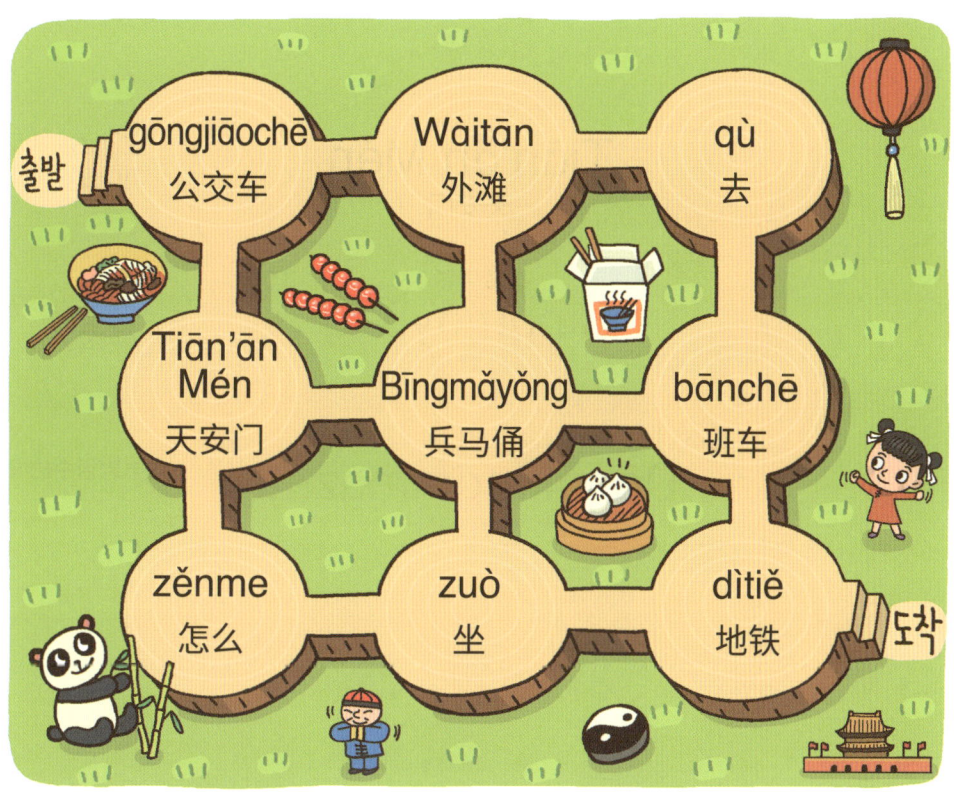

2 녹음을 듣고, 알맞은 한어병음에 O표 한 후, 한어병음과 뜻을 쓰세요. 🎧 16-04

gōngjiāochēWàitānqùchūzūchēzěnme

(1) 한어병음 _____   (2) 한어병음 _____

　　뜻 _____   　　뜻 _____

⚡ 태리는 호텔 직원에게 와이탄에 가는 방법을 물어봅니다. 🐝 16-05

태리 　　칭원　　　　　전머　　　취　　　와이탄
　　　Qǐngwèn, zěnme qù Wàitān?
　　　请问，　　怎么　　去　　外滩?

직원　　쮜　　　　꽁쨔오처　　　취
　　　Zuò gōngjiāochē qù.
　　　坐　　公交车　　　去。

태리　　쮜　　지　　루
　　　Zuò jǐ lù?
　　　坐　几　路?

직원　　싼스치　　　루
　　　Sānshíqī lù.
　　　三十七　路。

🐝 16-06

请问 qǐngwèn 말씀 좀 여쭙겠습니다, 실례합니다 | 怎么 zěnme 어떻게 | 去 qù 가다 | 外滩 Wàitān 와이탄[상하이 황푸강변 일대의 지명] | 坐 zuò 타다 | 公交车 gōngjiāochē 버스 | 几 jǐ 몇 | 路 lù 노선 | 三 sān 3, 셋 | 十 shí 10, 열 | 七 qī 7, 일곱

DAY **16**

태리   말씀 좀 여쭙겠습니다. 와이탄은 어떻게 가나요?

직원   버스를 타고 가요.

태리   몇 번 버스를 타나요?

직원   37번이요.

이건 덤!

- 'lù 路'는 '노선'이라는 의미예요. 'jǐ 几'나 숫자 뒤에 쓰여 버스 노선 번호가 몇 번인지 표현할 때 씁니다.

중국 꿀팁

'와이탄 Wàitān 外滩'은 상하이를 동서로 나누는 황푸강 Huángpǔ Jiāng 黄浦江을 따라 조성된 거리를 말합니다. 상하이는 19세기에 영국과 프랑스의 조계지였는데 그때 들어선 유럽식 건물이 지금까지도 자리를 지키고 있습니다. 상하이가 중국의 금융 중심지인 만큼 와이탄의 반대편 푸동 Pǔdōng 浦东 지역에는 대형 은행과 고층의 금융 센터가 있습니다. 그래서 상하이에서는 와이탄의 고풍스럽고 이국적인 분위기와, 푸동의 현대적인 분위기를 동시에 만끽할 수 있죠. 특히 해가 지면 와이탄의 오래된 건물과 푸동의 고층 건물에 화려한 조명이 들어와, 상하이만의 특별한 야경을 눈에 담을 수 있답니다.

와이탄의 야경

푸동의 야경

빠샤! 최종 보스

1 녹음을 듣고 목적지와 교통수단을 알맞게 연결하세요. 🎧 16-07

 Tiān'ān Mén
天安门

 Dōngfāngmíngzhū
东方明珠

 Bīngmǎyǒng
兵马俑

 Wàitān
外滩

•   •   •   •

•   •   •   •

2 우리말과 일치하도록 한어병음을 순서대로 연결하고, 빈칸에 한자를 쓰세요.

(1) 몇 번 버스를 타나요?
_____

(2) 37번이요.
_____

zuò   sān   shí   jǐ   qǐng   qī   zěnme   wèn   lù

DAY **16**

중국에 가기 전, 필수로 깔아야 할 앱

요즘은 앱으로 정보도 검색할 수 있고 오프라인 서비스까지 누릴 수 있죠. 길 찾기부터 맛집 추천까지, 여행자들이 중국을 방문하기 전에 필수로 설치해야 할 앱 세 가지를 선정했습니다!

바이두 지도 Bǎidù Dìtú 百度地图

'바이두(Bǎidù 百度)'는 중국의 대표적인 포털사이트로, 다양한 서비스를 제공해요. 그중 바이두 지도는 우리나라의 네이버 지도와 같은 지도 앱으로 중국에서는 구글맵스(Google maps) 앱을 사용할 수 없으니 꼭 필요합니다. 목적지의 위치와 영업 정보 등을 확인할 수 있고 이동 방법과 소요 시간도 확인할 수 있습니다. 앱에서 바로 택시를 부를 수도 있어요. GPS 기능으로 나의 현재 위치도 실시간으로 파악할 수 있으니 길을 잃더라도 걱정할 필요가 없어요.

디디추싱 Dīdī Chūxíng 滴滴出行

디디추싱은 차량 공유 서비스 앱으로 2012년에 서비스를 시작한 후 엄청난 성장세를 보이고 있어요. 출발지와 목적지를 설정하면 주변에 있는 택시나 자가용을 부를 수 있습니다. 예상 요금을 확인할 수 있어 바가지 쓸 걱정이 없고, 택시를 잡기 힘든 출퇴근 시간이나 비가 오는 날에는 추가 요금을 내면 우선 배차를 받을 수 있는 기능도 있습니다. 결제는 계정에 미리 등록해 둔 모바일 결제나 신용카드 정보로 결제할 수도 있고 현장에서 현금으로 지불할 수도 있습니다. 다만, 모바일 결제가 대중화된 중국에서는 기사가 거스름돈이 없을 수도 있으니 잔돈을 넉넉하게 준비하거나 되도록이면 디디추싱 계정에 신용카드 정보를 등록해 두는 걸 권합니다.

따쫑뎬핑 Dàzhòng Diǎnpíng 大众点评

따쫑뎬핑은 '대중의 평가'라는 뜻을 가진 앱으로 맛집 정보를 검색하고 사용자들의 후기를 확인할 수 있어요. GPS에 기반해 가까운 맛집도 추천해 주니 어디서 뭘 먹을지 고민될 때 참고하기 좋아요. 검색창에 내가 먹고 싶은 메뉴를 검색한 뒤 평점순이나 거리순으로 정렬할 수도 있답니다. 식당에서 인기 있는 메뉴 순위가 사진과 함께 제시되니 중국어를 잘 몰라도 유용하게 쓸 수 있습니다. 식당이나 카페 말고도 관광지, 쇼핑, 호텔, 마사지숍 등의 정보와 앱 이용자를 위한 할인 혜택이 제공되어 여행을 알차게 즐길 수 있습니다.

DAY 17

핵심 패턴 1

여기에서 표를 사세요.

| Zài 在 ~에서 | + | zhèr 这儿 여기 | + | mǎi 买 사다 | + | piào 票 표 |

짜이 쩔 마이 퍄오
Zài zhèr mǎi piào.
在这儿买票。

> » 'zài 在'는 '~에 있다'라는 뜻으로도 쓰이지만, 여기서는 '~에서'라는 뜻으로 쓰여 행위가 일어나는 장소를 나타내요. 'zài 在 + 장소 + 동사'는 '~에서 ~을 하다'라는 구조의 문장이에요.

> » 'zhèr 这儿'은 '여기' '이곳'이라는 의미로 화자에게서 가까운 곳을 나타내요. 화자에게서 멀리 떨어진 '저기' '저곳'은 'nàr 那儿'이라고 해요. 그럼 지금까지 배운 지시 표현을 다시 한번 살펴볼까요?

zhè 这	이, 이것	nà 那	저, 저것
zhège 这个	이, 이것	nàge 那个	저, 저것
zhèr 这儿	여기, 이곳	nàr 那儿	저기, 저곳

핵심 패턴 2

줄을 서 **주세요**.

칭　　파이뛔이
Qǐng páiduì.
请排队。

>> 'qǐng 请'은 정중하게 부탁하거나 요구할 때 쓰는 표현이에요. '~해 주세요' '~을 부탁합니다'라는 의미예요.

>> 'páiduì 排队'는 '정렬하다' '열을 짓다'라는 뜻을 가진 단어예요. 주로 '줄을 서다'라는 의미로 사용해요.

짜잔! 패턴 변신

🌱 주어진 단어를 활용해 **핵심 패턴 1**을 바꿔 말하세요. 🔊 17-02

짜이 쩔 Zài zhèr 在这儿	마이 퍄오 mǎi piào 买票	여기에서 표를 사세요.
	다 처 dǎchē 打车	여기에서 택시를 타세요.
	팅처 tíngchē 停车	여기에 차를 세우세요.
	쳰쯔 qiānzì 签字	여기에 사인하세요.

🌱 주어진 표현을 활용해 **핵심 패턴 2**를 바꿔 말하세요. 🔊 17-03

칭 Qǐng 请	파이뒈이 páiduì 排队	줄을 서 주세요.
	안찡 ānjìng 安静	조용히 해 주세요.
	만 디알 màn diǎnr 慢点儿	조금 천천히 해 주세요.
	콰이 디알 kuài diǎnr 快点儿	조금 빨리 해 주세요.

뽀각! 중간보스

1 그림과 일치하는 한자를 골라 하나의 표현으로 쓰세요.

队　字　买　排　签　票

(1)　　　(2)　　　(3)

2 단어의 한어병음을 순서대로 연결하여 그림을 완성하세요.

停车 차를 세우다

🗲 고궁박물원에 들어가기 위해 태리는 표를 사려고 합니다. 🎧 17-04

직원 짜이 쩔 마이 퍄오
Zài zhèr mǎi piào.
在 这儿 买 票。

칭 파이뚜이
Qǐng páiduì.
请 排队。

태리 이 짱 뚸샤오 첸
Yì zhāng duōshao qián?
一 张 多少 钱?

직원 리우스 콰이 첸
😊 **Liùshí kuài qián.**
六十 块 钱。

🎧 17-05

在 zài ~에서 | 这儿 zhèr 여기, 이곳 | 买 mǎi 사다 | 票 piào 표 | 请 qǐng ~해 주세요 |
排队 páiduì 줄을 서다 | 一 yī 1, 하나 | 张 zhāng 장[넓고 평평한 물건을 세는 단위] | 多少 duōshao
얼마 | 钱 qián 돈 | 六 liù 6, 여섯 | 十 shí 10, 열 | 块 kuài 위안[중국의 화폐 단위]

DAY **17**

직원	여기에서 표를 사세요.
	줄을 서 주세요.
태리	한 장에 얼마예요?
직원	60위안입니다.

이건 덤!

😊 가격을 나타낼 때 'liùshí kuài 六十块'라고 할 수도 있지만, 끝에 'qián 钱'을 붙여 'liùshí kuài qián 六十块钱'이라고도 할 수 있어요.

🍯 중국 꿀팁

베이징에 위치한 고궁박물원 Gùgōng Bówùyuàn 故宫博物院은 우리나라에서 '자금성 Zǐjìn Chéng 紫禁城'이라는 옛 이름으로 더 잘 알려져 있습니다. 명나라와 청나라 두 왕조 동안 황제가 거처하면서 정무를 보던 황궁으로 '금지된 성'이라는 이름에 걸맞게 자색의 높은 성벽으로 둘러싸여 있습니다. 지금은 중국 초대 주석인 마오쩌둥의 초상이 걸린 천안문을 지나면 누구든지 들어갈 수 있는 박물원이 되었습니다.
고궁박물원이 중국의 과거를 대표하는 장소라면 천안문은 중국의 근현대를 대표하는 장소입니다. 마오쩌둥이 중화인민공화국의 성립을 공표한 천안문 앞에는 총면적이 44만 ㎡에 이르는 천안문 광장이 있습니다. 100만 명의 인원을 수용할 수 있는 세계 최대 규모의 도시 광장입니다. 이곳에서는 하루에 2번 국기 게양식과 강하식이 진행되어 이를 보기 위한 인파들로 문전성시를 이룹니다.

고궁박물원

천안문

1 녹음을 듣고 그림에 맞게 A, B, C를 쓰세요. 17-06

(1)    (2)    (3)

2 우리말과 일치하도록 제시된 단어를 알맞은 위치에 쓰세요.

(1) 在   여기에 차를 세우세요.

→ ☐ 这 儿 ☐ 停 ☐ 车 。

(2) 请   조금 빨리 해 주세요.

→ ☐ 快 点 儿 ☐ 。

버려진 곳에서 피어나는 현대 미술, 중국의 예술 지구

중국이 5000년의 유구한 역사를 가진 나라라고 해서 오래된 문화재만 있는 것은 아닙니다. 미국, 영국과 함께 세계 3대 미술 시장에 이름을 올릴 정도로 현대 미술 시장을 이끄는 예술 선진국이기도 해요.

'현대 미술' 하면 무엇이 떠오르나요? 고급스럽고 모던한 인테리어의 갤러리나 미술관을 떠올릴지도 모르겠네요. 하지만 세계의 젊은 예술가들은 사람들이 더 이상 사용하지 않는 버려진 공간에 둥지를 트고 기존의 질서에서 벗어난 자신만의 예술 세계를 만들어 가고 있습니다. 뉴욕의 브루클린이 값싼 임대료로 전 세계의 젊은 예술가들을 불러 모아 지금은 '힙스터'의 동네가 되었듯이 중국의 대도시에도 젊은 예술가들이 모여드는 예술 지구가 있습니다.

이런 예술 지구들은 버려진 공간의 외형을 그대로 유지하고 내부 공간을 현대적이고 감각적으로 꾸며 사용되고 있습니다. 젊은 예술가들의 창작 공간으로 사용되는 동시에 레스토랑, 바 등 외식 업체도 들어서고 전시회나 음악회가 개최되는 등 복합 문화 공간으로서의 역할을 톡톡히 수행하고 있어요.

상하이 Shànghǎi 上海

방직공장이었던 M50 창의원
(M Wǔshí Chuàngyìyuán M50创意园)

동아시아 최대의 도축장이었던 1933 라오창팡
(Yījiǔsānsān Lǎochǎngfáng 1933老场坊)

베이징 Běijīng 北京

군수공장이었던 798예술구
(Qījiǔbā Yìshùqū 798艺术区)

선전 Shēnzhèn 深圳

전자제조업체가 모여 있던 화챠오청 창의문화원
(Huáqiáochéng Chuàngyì Wénhuàyuán 华侨城创意文化园)

DAY 18

핵심 패턴 1

저는 탁구를 칠 줄 알아요.

Wǒ 我 나 + huì 会 ~할 줄 알다 + dǎ 打 치다 + pīngpāngqiú 乒乓球 탁구

워 훼이 다 핑팡치우
Wǒ huì dǎ pīngpāngqiú.
我会打乒乓球。

> 'huì 会'는 '~할 줄 알다'라는 뜻의 조동사입니다. 동사 앞에 쓰여 주로 학습을 통해 얻은 능력을 나타냅니다. 부정형은 'huì 会' 앞에 'bù 不'를 붙여 'Wǒ bú huì dǎ pīngpāngqiú. 我不会打乒乓球。'와 같이 나타내요.

> 'dǎ 打'는 주로 손으로 하는 운동과 함께 쓰여요. 탁구·야구·농구 등을 '치다' '하다'라고 할 때 쓰입니다.

핵심 패턴 2

제가 당신에게 좀 보여 줄게요.

Wǒ	+	gěi	+	nǐ	+	kàn	+	yíxià
我		给		你		看		一下
나		~에게		너		보다		좀 ~하다

워　게이　니　칸　이샤
Wǒ gěi nǐ kàn yíxià.
我给你看一下。

>> 'gěi 给'는 '~에게'라는 뜻입니다. 'A + gěi 给 + B + 동사' 형식으로 쓰여 'A가 B에게 ~을 해 주다'라는 의미를 나타냅니다.

>> 'yíxià 一下'는 동사 뒤에 쓰여 '좀 ~하다' '한번 ~해 보다'라는 뜻을 나타냅니다. '보다'라는 뜻의 'kàn 看' 뒤에 'yíxià 一下'를 쓰면 '좀 보다' '한번 봐 보다'라는 의미가 됩니다.

짜잔! 패턴 변신

🌱 주어진 표현을 활용해 **핵심 패턴 1**을 바꿔 말하세요. 🎧 18-02

다 핑팡치우 **dǎ pīngpāngqiú** 打乒乓球	저는 탁구를 칠 줄 알아요.
슈어 한위 **shuō Hànyǔ** 说汉语	저는 중국어를 할 줄 알아요.
총랑 **chōnglàng** 冲浪	저는 서핑할 줄 알아요.
쭤 마라샹궈 **zuò málàxiāngguō** 做麻辣香锅	저는 마라샹궈를 만들 줄 알아요.

워 훼이
Wǒ huì
我会

🌱 주어진 단어를 활용해 **핵심 패턴 2**를 바꿔 말하세요. 🎧 18-03

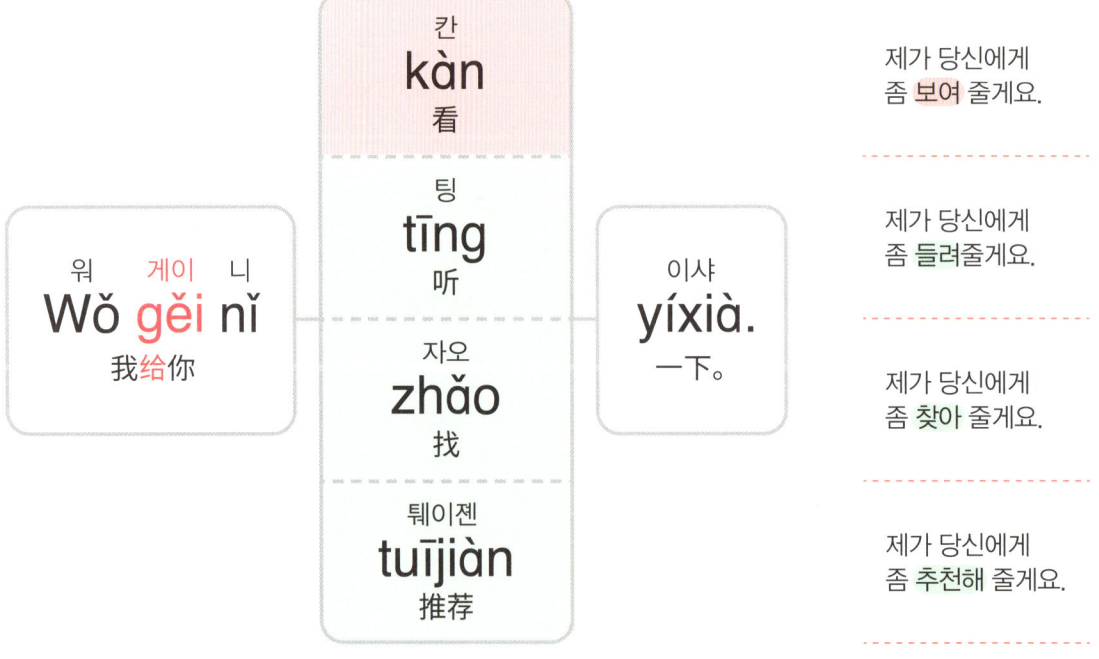

워 게이 니
Wǒ gěi nǐ
我给你

칸 **kàn** 看	제가 당신에게 좀 보여 줄게요.
팅 **tīng** 听	제가 당신에게 좀 들려줄게요.
자오 **zhǎo** 找	제가 당신에게 좀 찾아 줄게요.
퉤이젠 **tuījiàn** 推荐	제가 당신에게 좀 추천해 줄게요.

이샤
yíxià.
一下。

뽀각! 중간 보스

1 사다리를 타고 내려가, 단어의 뜻을 쓰세요.

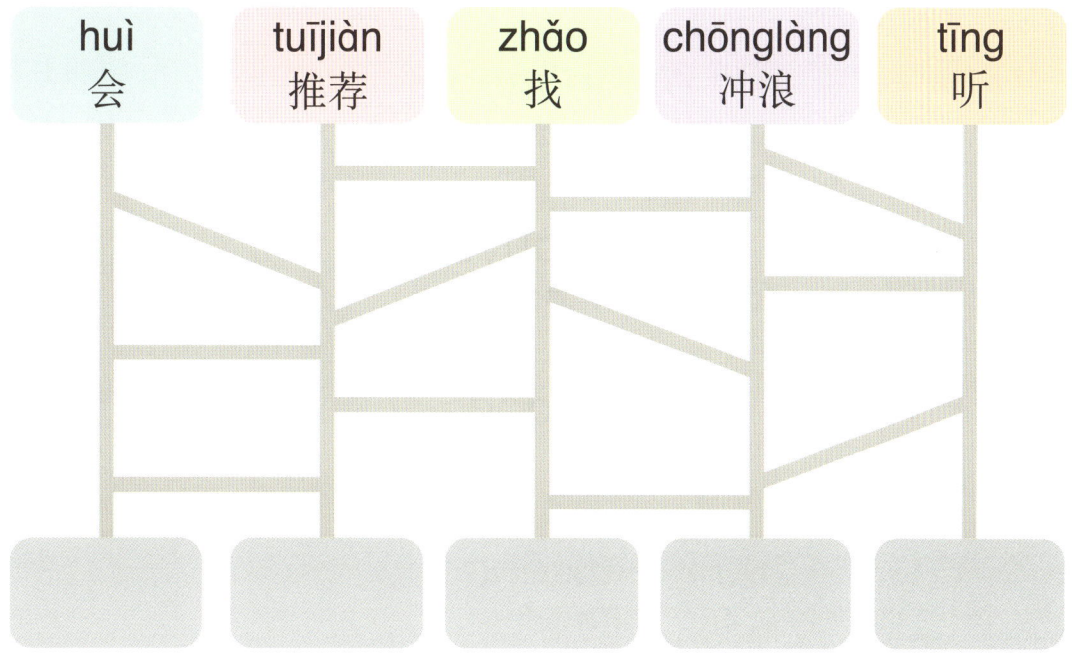

| huì | tuījiàn | zhǎo | chōnglàng | tīng |
| 会 | 推荐 | 找 | 冲浪 | 听 |

2 우리말과 한어병음, 한자를 순서대로 연결하세요.

(1) 탁구를 치다 · · dǎ · · Hànyǔ · · 打乒乓球

(2) 중국어를 하다 · · zuò · · pīngpāngqiú · · 做麻辣香锅

(3) 마라샹궈를 만들다 · · shuō · · málàxiāngguō · · 说汉语

🗲 공원에서 탁구를 치고 있는 사람들을 보고 은우가 태리에게 묻습니다. 🎵 18-04

은우 Wǒ bú huì dǎ pīngpāngqiú. Nǐ ne?
我 不 会 打 乒乓球。 你 呢?

태리 Wǒ huì dǎ pīngpāngqiú.
我 会 打 乒乓球。

Wǒ gěi nǐ kàn yíxià.
我 给 你 看 一下。

은우 😊 Wā, nǐ 😊 zhēn bàng!
哇, 你 真 棒!

🎵 18-05

我 wǒ 나, 저 | 不 bù 아니다 | 会 huì ~할 줄 알다 | 打 dǎ 치다, (놀이·운동을) 하다 | 乒乓球 pīngpāngqiú 탁구 | 你 nǐ 너, 당신 | 呢 ne ~은요? | 给 gěi ~에게 | 看 kàn 보다 | 一下 yíxià 좀 ~하다, 한번 ~해 보다 | 哇 wā 와, 우와 | 真 zhēn 정말, 진짜 | 棒 bàng 대단하다, 뛰어나다

은우   나는 탁구 칠 줄 몰라. 너는?

태리   나 탁구 칠 줄 알아.
       내가 너에게 좀 보여 줄게.

은우   와, 너 정말 대단하다!

이건 덥!

- 'wā 哇'는 '와' '우와'라는 뜻으로 감탄을 나타내는 표현입니다.
- 'bàng 棒'은 '대단하다' '뛰어나다'라는 뜻입니다. 'zhēn bàng 真棒'과 같이 상대방을 칭찬하는 표현으로 쓰입니다.

중국 꿀팁

중국의 광장과 공원에는 탁구대가 설치되어 있는 곳이 많아서 남녀노소 탁구를 즐길 수 있어요. 사람들이 삼삼오오 모여 탁구를 치는 모습을 보면 중국이 탁구 강국인 이유가 절로 납득이 됩니다. 어린이와 성인이 탁구 경기를 펼치는 것도 흔한 광경이에요. 동네 문구점만 가도 탁구채를 쉽게 살 수 있으니, 중국 사람들과 경기를 펼쳐 보는 것도 색다른 경험이 될 거예요.

1 녹음을 듣고 그림에 맞게 A, B, C를 쓰세요. 18-06

(1)　　　　　(2)　　　　　(3)

2 녹음을 듣고 단어를 순서대로 연결하여 문장을 완성하세요. 18-07

서 있는 그곳이 바로 무대, 광장무

중국에서는 아침이나 저녁에 사람들이 모여 음악을 틀고 다 같이 춤을 추고 있는 모습을 볼 수 있는데요, 이들은 광장무(Guǎngchǎngwǔ 广场舞)를 추고 있는 것입니다. 이름에서 알 수 있듯이 광장이나 학교 캠퍼스, 주차장, 길거리 한 켠까지 사람들이 서 있을 수 있는 곳이라면 어디서든 광장무를 추곤 해요. 동작이 복잡하지 않아서 누구나 따라 할 수 있는 운동으로 중국 전역에서 약 1억 2000만 명이 광장무를 즐기고 있다고 합니다.

광장무를 추는 사람들은 대부분 중·노년층 여성이지만 최근에는 광장무를 즐기는 남성들도 볼 수 있습니다. 민속춤, 현대 무용, 라틴 댄스까지 장르가 다양하지만 광장무 리더의 시범을 따라 하기만 하면 됩니다. 운동으로 건강도 챙기고 이웃들과 만나는 사교의 장이 되기도 하니, 중·노년층의 여가 생활로 제격입니다.

하지만 야외에서 대형 스피커로 음악을 크게 틀기 때문에 소음 공해를 유발한다는 이유로 사회적 갈등의 원인이 되기도 합니다. 공공장소에서 춤을 추다가 다른 사람들의 통행을 방해하기도 하고요. 광장무 때문에 이웃 간에 싸움도 벌어지고 민원도 계속 제기되는 등 사회적 문제가 되자 중국 당국에서는 광장무를 추는 시간과 장소를 지정하고 주변의 학습 환경이나 주거 환경에 피해가 가지 않도록 음악의 크기를 단속하기도 합니다.

그럼에도 광장무는 여전히 중국의 특색 있는 단체 활동으로서 사람들에게 권장되고 있고 이와 관련된 산업의 규모도 매우 크기 때문에 사라지지는 않을 것으로 보여요. 만일 광장무를 체험해 보고 싶다면 뒷줄에 살짝 합류해 보세요. 대부분 간단한 동작을 반복하기 때문에 익히는 데 시간이 오래 걸리지 않아요. 게다가 누구든지 참여할 수 있다는 것이 광장무의 매력이니까요.

DAY 19

핵심 패턴 1

저는 마사지를 받고 싶어요.

| Wǒ
我
나 | + | **xiǎng
想
~하고 싶다** | + | zuò
做
하다 | + | ànmó
按摩
안마, 마사지 |

워　샹　쭤　안모
Wǒ xiǎng zuò ànmó.
我想做按摩。

>> 'xiǎng 想'은 '~하고 싶다'라는 뜻이에요. 희망이나 바람을 표현할 수 있죠. 보통 'xiǎng 想 + 하고 싶은 행위'의 형태로 씁니다. 부정형은 'bù xiǎng 不想'이에요.

>> 'zuò 做'는 '하다'라는 뜻입니다. 'zuò ànmó 做按摩'는 '마사지를 해 주다'와 '마사지를 받다' 두 가지 뜻이 있어요.

핵심 패턴 2

저는 **월요일**에 와요.

Wǒ 我 나 + **xīngqīyī 星期一** 월요일 + **lái 来** 오다

워　　싱치이　　라이
Wǒ xīngqīyī lái.
我星期一来。

>> 'xīngqī 星期'는 '요일'이라는 뜻입니다. 월요일부터 토요일은 'xīngqī 星期' 뒤에 'yī 一'부터 'liù 六'까지의 숫자를 붙여서 나타냅니다. 일요일은 예외적으로 'tiān 天'을 붙여 나타냅니다.

월요일	화요일	수요일	목요일	금요일	토요일	일요일
xīngqīyī	xīngqī'èr	xīngqīsān	xīngqīsì	xīngqīwǔ	xīngqīliù	xīngqītiān
星期一	星期二	星期三	星期四	星期五	星期六	星期天

짜잔! 패턴 변신

🌱 주어진 표현을 활용해 **핵심 패턴 1**을 바꿔 말하세요. 🔊 19-02

쭤 안모 zuò ànmó 做按摩	저는 마사지를 받고 싶어요.
쉐이쨔오 shuìjiào 睡觉	저는 자고 싶어요.
퉤이쉐이 tuìshuì 退税	저는 세금을 환급받고 싶어요.
칸 예징 kàn yèjǐng 看夜景	저는 야경을 보고 싶어요.

(워 샹 Wǒ xiǎng 我想)

🌱 주어진 표현을 활용해 **핵심 패턴 2**를 바꿔 말하세요. 🔊 19-03

라이 lái 来	저는 월요일에 와요.
시우시 xiūxi 休息	저는 월요일에 쉬어요.
훼이 궈 huí guó 回国	저는 월요일에 귀국해요.
추파 chūfā 出发	저는 월요일에 출발해요.

(워 싱치이 Wǒ xīngqīyī 我星期一)

뽀각! 중간 보스

1 제시된 단어의 한어병음을 글자판에서 찾고, 한자를 따라 쓰세요.

t	u	ì	s	h	u	ì
ù	y	ū	j	c	n	ī
x	ī	r	é	h	g	à
q	i	è	y	ū	j	n
i	ā	ǎ	l	f	ā	m
s	h	u	n	ā	i	ó
z	u	ò	n	g	k	à

(1) 안마, 마사지
按摩

(2) 출발하다
出发

(3) 하다
做

(4) ~하고 싶다
想

(5) 세금을 환급받다
退税

2 단어의 한어병음과 한자를 쓰세요.

우리말	한어병음	한자
(1) 월요일		
(2) 자다		
(3) 귀국하다		

두둥! 실제 상황

⚡ 태리는 마사지를 받으려고 합니다. 🔊 19-04

태리: **Wǒ xiǎng zuò ànmó.**
我 想 做 按摩。
(워 샹 쭤 안모)

직원: 😊 **Jīntiān rén** 😊 **fēicháng duō,**
今天 人 非常 多,
(찐톈 런 페이창 뚸)

😊 **míngtiān lái ba.**
明天 来 吧。
(밍톈 라이 바)

태리: **Hǎo. Wǒ xīngqīyī lái.**
好。 我 星期一 来。
(하오 워 싱치이 라이)

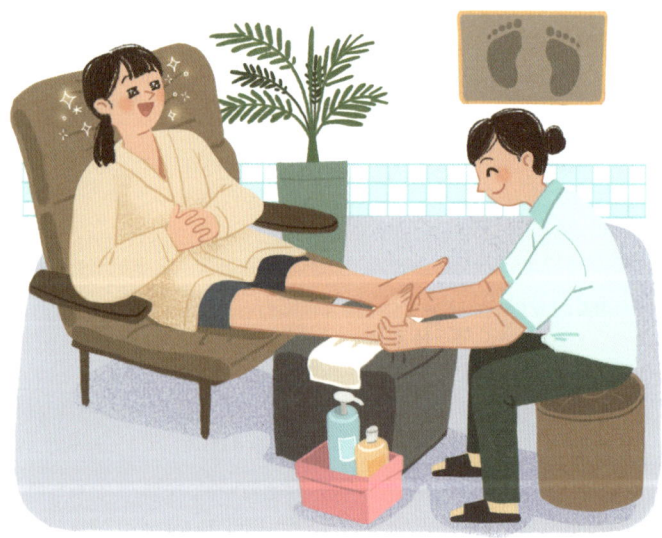

🔊 19-05

我 wǒ 나, 저 | 想 xiǎng ~하고 싶다 | 做 zuò 하다 | 按摩 ànmó 안마, 마사지 | 今天 jīntiān 오늘 | 人 rén 사람 | 非常 fēicháng 굉장히, 아주 | 多 duō 많다 | 明天 míngtiān 내일 | 来 lái 오다 | 吧 ba [문장 끝에서 제안, 명령, 부탁을 나타냄] | 好 hǎo 좋다 | 星期一 xīngqīyī 월요일

태리   저는 마사지를 받고 싶어요.

직원   오늘 사람이 굉장히 많으니,
　　　　내일 오세요.

태리   네. 월요일에 올게요.

이건 덤!

- 'jīntiān 今天'은 오늘, 'míngtiān 明天'은 내일이라는 뜻입니다. 어제, 오늘, 내일의 중국어 표현은 다음과 같습니다.

어제	오늘	내일
zuótiān 昨天	jīntiān 今天	míngtiān 明天

- 'fēicháng 非常'은 '굉장히' '아주'라는 뜻으로 '정도나 수준이 높음'을 나타내요.

 중국 꿀팁

우리는 '마사지' 하면 고급 스파의 침대에 엎드려 마사지를 받는 모습을 흔히 떠올리고는 합니다. 하지만 중국에서는 마사지 문화가 대중화되어 있어서 마사지숍의 종류가 매우 다양합니다. 주택가에 위치해 소파에 앉아 발마사지만 간단히 받을 수 있는 작은 마사지숍이 있고 지하철역이나 길거리에 간이 의자를 두고 영업하는 곳도 있습니다. 어떤 종류의 마사지든지 자신의 몸 상태에 맞는 강도로 받는 것이 중요합니다. '좀 ~하다'라는 뜻의 'diǎnr 点儿'을 써서 원하는 강도를 표현할 수 있어요. '좀 세게 해 주세요.'는 'Zhòng (yì)diǎnr. 重(一)点儿。', '좀 살살 해 주세요.'는 'Qīng (yì)diǎnr. 轻(一)点儿。'이라고 하니 잘 기억해 두면 좋겠죠?

빠샤! 최종 보스

1 그림을 보고 둘 중 알맞은 것을 고르세요.

(1) Wǒ xiǎng zuò ànmó / kàn yèjǐng .

我想 做按摩 / 看夜景 。

(2) Wǒ xīngqīyī xiūxi / huí guó .

我星期一 休息 / 回国 。

2 우리말과 일치하도록 한어병음을 순서대로 연결하고, 빈칸에 한자를 쓰세요.

(1) 오늘 사람이 굉장히 많아요.

(2) 내일 오세요.

jīntiān míngtiān wèn lái duō ba rén kàn fēicháng

중국은 넓고 마사지는 다양하다

발 손질 xiūjiǎo 修脚

발 손질은 본래 무좀이나 사마귀 같은 피부 질환이나 내성 발톱 등으로 인한 통증을 치료하는 중의학 기술 중 하나입니다. 침술, 마사지와 더불어 '3대 국가 의술'이라 불리는 전문 분야예요. 발에 특별한 질환이 없다면 가벼운 관리만 받을 수도 있어요. 전용 칼로 각질을 제거하고 발톱을 정리합니다. 발 손질을 한 번 받고 나면 발이 아기 발처럼 보송보송해져요.

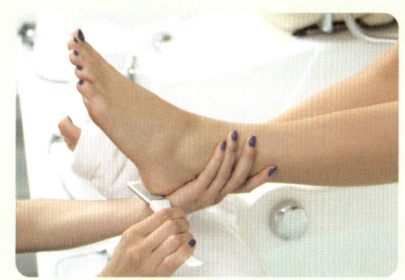

괄사 guāshā 刮痧

괄사는 표면이 매끄럽고 딱딱한 전용 기구로 신체 표면을 긁어서 어혈을 풀고 몸속의 독소를 배출하는 중국의 민간요법이에요. 전용 기구 대신 손으로 꼬집거나 숟가락, 동전 같은 도구를 이용하기도 합니다. 피부를 강하게 자극하기 때문에 피부가 붉어지기도 합니다. 검붉은 자국이 많이 올라올수록 몸속에 독소가 많다는 걸 나타낸다고 해요. 괄사는 근육 통증이나 퇴행성 관절염에 특히나 효과적이라고 알려져 있어요.

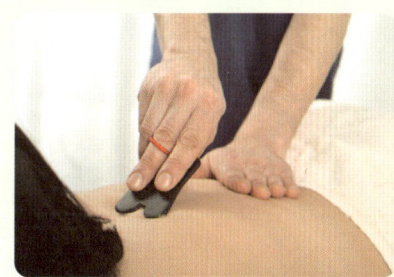

이어캔들 ěrzhú 耳烛

이어캔들은 옆으로 누워서 종이를 돌돌 만 모양의 기다란 초를 귀에 꽂고 초를 태워서 독소를 배출하는 중국의 치료 요법이에요. 막대기에 불을 붙이면 내부의 공기가 뜨거워지면서 아래쪽에 압력이 생기는데 이 공기압으로 귓속을 마사지하는 원리예요. 이어캔들을 다 태운 뒤 마사지사가 초의 아랫기둥을 잘라 귀지처럼 보이는 덩어리를 보여 주기도 하는데, 사실 귀지가 아니라 캔들이 타면서 생긴 기름 가루와 덩어리랍니다.

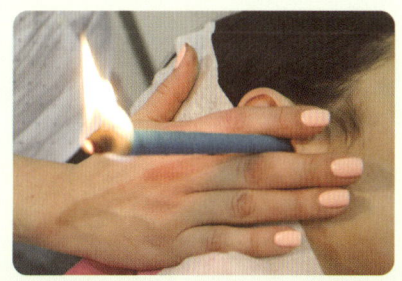

DAY 20

핵심 패턴 1

사진 찍으면 안 됩니다.

| Bù 不 아니다 | + | kěyǐ 可以 ~해도 된다 | + | pāizhào 拍照 사진 찍다 |

뿌   커이   파이짜오
Bù kěyǐ pāizhào.
不可以拍照。

>> 'kěyǐ 可以'는 '~해도 된다'라는 허가의 의미를 나타내요. 'kěyǐ 可以' 앞에 'bù 不'를 붙여 부정형으로 쓰면 '~하면 안 된다'라는 금지의 의미가 됩니다.

>> 'pāi 拍'는 '찍다', 'zhào 照'는 '사진'이라는 의미예요. 중국어에는 'pāizhào 拍照'처럼 동사와 목적어가 합쳐져 그 자체로 하나의 단어를 이루는 경우가 많습니다.

핵심 패턴 2

너무 아쉬워요!

타이 커시 러
Tài kěxī le!
太可惜**了**!

>> 'tài …… le 太……了'는 '너무 ~하다'라는 뜻으로 '정도가 심함'을 강조해요. 'tài 太'와 'le 了' 사이에 강조하고 싶은 형용사를 넣습니다.

주어진 표현을 활용해 **핵심 패턴 1**을 바꿔 말하세요. 20-02

사진 찍으면 안 됩니다.

담배를 피우면 안 됩니다.

포장은 안 됩니다.

환불은 안 됩니다.

주어진 단어를 활용해 **핵심 패턴 2**를 바꿔 말하세요. 20-03

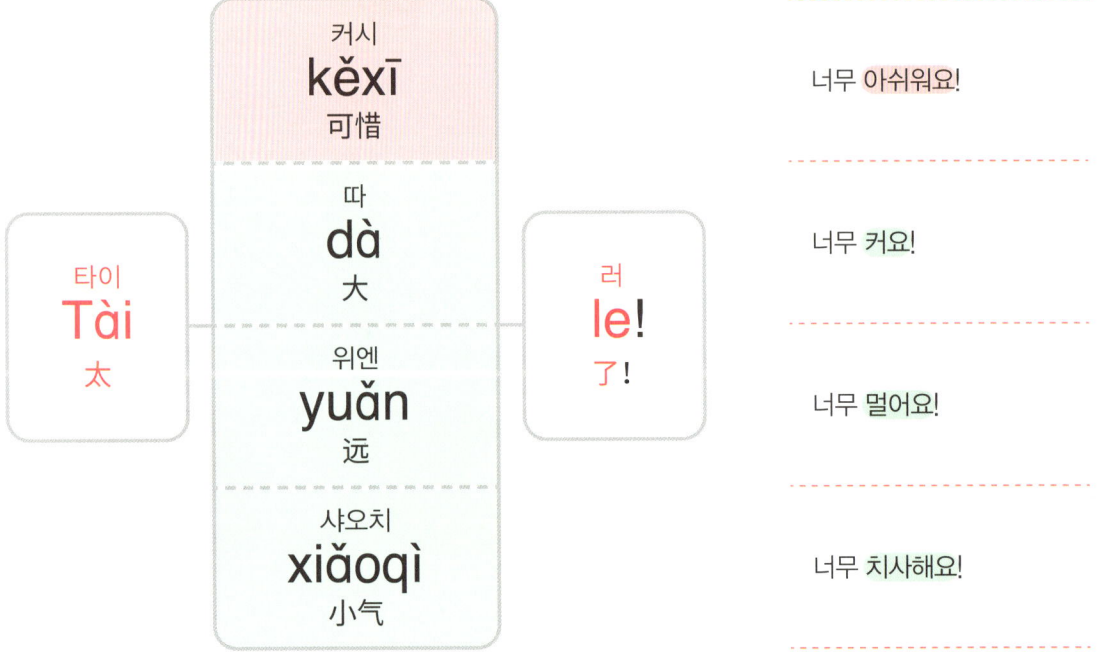

너무 아쉬워요!

너무 커요!

너무 멀어요!

너무 치사해요!

뽀각! 중간 보스

1 제시된 우리말 순서대로 한어병음과 한자를 따라가며 미로를 통과하세요.

아쉽다 → 사진 찍다 → 치사하다 → ~해도 된다 → 담배를 피우다

2 그림과 일치하는 한자를 골라 한 단어로 쓰세요.

拍　　退　　照　　远　　款

(1)　　　　(2)　　　　(3)

두둥! 실제 상황

⚡ 박물관을 관람하던 태리와 은우가 사진을 찍습니다. 🔊 20-04

태리 워먼 파이짜오 바
Wǒmen pāizhào ba.
我们 拍照 吧。

이 얼 싼
Yī、èr、sān!
一、二、三!

직원 뚜이부치 뿌 커이 파이짜오
Duìbuqǐ, bù kěyǐ pāizhào.
对不起, 不 可以 拍照。

태리 스 마 타이 커시 러
Shì ma? Tài kěxī le!
是 吗? 太 可惜 了!

🔊 20-05

我们 wǒmen 우리, 저희 | 拍照 pāizhào 사진 찍다 | 吧 ba [문장 끝에서 제안, 명령, 부탁을 나타냄] | 一 yī 1, 하나 | 二 èr 2, 둘 | 三 sān 3, 셋 | 对不起 duìbuqǐ 미안하다 | 不 bù 아니다 | 可以 kěyǐ ~해도 된다 | 是 shì 그렇다, 맞다 | 吗 ma [문장 끝에서 의문을 나타냄] | 太……了 tài …… le 너무 ~하다 | 可惜 kěxī 아쉽다

태리 우리 사진 찍자.
　　　하나, 둘, 셋!

직원 죄송하지만, 사진 찍으시면 안 됩니다.

태리 그래요? 너무 아쉬워요!

- 'duìbuqǐ 对不起'는 '미안합니다' '죄송합니다'라는 사과 표현이에요. 'bù hǎoyìsi 不好意思'보다 조금 더 무거운 어감을 가져요.

- 'shì 是'는 '~이다' 말고도 '그렇다' '맞다'라는 뜻도 있어요. 'Shì ma? 是吗?'는 '그래요?'라는 뜻으로 상대방에게 되묻는 표현이에요.

중국 꿀팁

타이완 Táiwān 台湾의 타이베이 Táiběi 台北 지역에 있는 국립고궁박물원은 국보급 유물 75만 점을 소장 중인데, 소장품을 3~6개월 주기로 바꿔 가며 전시하고 있습니다. 이 수많은 유물 중 가장 유명한 것은 단연 '옥배추'라고도 불리는 'Cuìyù Báicài 翠玉白菜'입니다. 길이 18.7cm, 폭 9.1cm의 하얀색과 푸른색이 어우러진 옥을 배추와 그 위에 앉은 여치, 메뚜기로 조각한 것입니다. 여치와 메뚜기는 번식력이 높은 곤충으로, 황실에서 자손을 많이 낳아 번영하기를 염원하는 마음을 담았다고 합니다. 조각의 정교함과 옥의 영롱함에 눈을 떼기 어려울 만큼 아름다운 유물입니다. 이 옥배추만은 교체되지 않고 항상 전시된다고 하니, 타이베이에 가면 직접 관람해 보길 바랍니다.

1 한어병음, 한자, 안내판을 알맞게 연결하세요.

| Bù kěyǐ pāizhào. | Bù kěyǐ chōu yān. | Kěyǐ tuìkuǎn. | Kěyǐ dài zǒu. |

| 可以退款。 | 可以带走。 | 不可以抽烟。 | 不可以拍照。 |

2 우리말과 일치하도록 제시된 단어를 알맞은 위치에 쓰세요.

(1) 吧　　우리 사진 찍자.

→  我 们 拍 照 　 。

(2) 了　　너무 아쉬워요!

→  太 可 惜 　 ！

중국의 이색적인 거리 풍경

맞선 코너 xiāngqīn jiǎo 相亲角

중국 공원에 가면 유독 인파가 북적북적한 곳이 있습니다. 나무나 가판대에 이력서로 보이는 종이가 주렁주렁 달려 있는 걸 보면 마치 취업박람회 같지만 사실은 맞선 코너입니다. 중국어로는 'xiāngqīn jiǎo 相亲角'라고 해요. 공원에 모여 있는 사람들은 대부분 40~60대의 부모들로, 거리 곳곳을 돌아다니며 프로필을 유심히 살펴봅니다. 자신의 자녀를 소개하는 공고를 내기도 하고요. 조건이 괜찮아 보이면 부모들끼리 만나 이야기를 해 보고 자녀의 사진과 연락처를 교환하기도 합니다.

땅 서예 dìshū 地书

공원이나 관광지, 길거리에서 노인들이 허리까지 오는 붓에 물을 묻혀 마른 바닥에 글자를 쓰는 모습도 볼 수 있습니다. 이들은 일필휘지로 글자를 써 내려가며 명필을 뽐냅니다. 이것을 '땅에 하는 서예'라는 의미에서 'dìshū 地书'라고 합니다. 땅 서예는 종이와 먹이 없어도 마음껏 서예를 할 수 있는 데다가 상당한 집중력과 근력이 필요하기 때문에 노인들이 즐기기 좋은 취미 활동이에요. 흔들림 없이 글자를 쓰기 위해 글을 쓰는 동안은 호흡을 꾹 참는다고 하니 일종의 정신 수련 같기도 합니다. 문화적 보배로서 서예를 아끼는 중국인의 마음을 엿볼 수 있어요.

얼후 èrhú 二胡

얼후는 천 년이 넘는 역사를 자랑하는 중국의 전통 현악기로 바이올린처럼 활과 현을 마찰시켜 연주합니다. 궁에서 연회를 열 때면 빠지지 않고, 구슬프면서도 아름다운 소리를 내요. 재미있는 건 중국의 공원이나 길거리에서도 얼후를 연주하는 사람을 종종 찾아볼 수 있다는 거예요. 중국의 버스킹인 셈이죠. 얼후를 연주하며 약간의 연주비를 받는 모습도 심심치 않게 발견할 수 있어요. 심금을 울리는 얼후의 소리가 사람들의 발걸음을 붙잡는 효과가 있는 모양이에요.

MUST GO!

청두
成都
Chéngdū

인천에서 4시간!

★ 『삼국지연의』의 팬이라면
무후사 Wǔhóu Cí 武侯祠

탄탄한 스토리와 개성 있는 인물로 많은 사랑을 받아 온 『삼국지연의』의 팬이라면 청두만큼 좋은 여행지도 없을 거예요. 『삼국지연의』 속 등장인물을 모시는 사당에 들어가서 거대한 조각상 앞에서 향을 피우며 기도하는 사람들의 모습을 보고 있으면 자연스레 경건한 마음이 생깁니다. 내부에 공원도 꾸며져 있어서 쉬엄쉬엄 둘러보기도 좋아요.

귀여운 판다를 만나 보고 싶다면
청두 판다 번육 연구 기지
Chéngdū Dàxióngmāo Fányù Yánjiū Jīdì
成都大熊猫繁育研究基地

청두는 중국의 국보인 판다가 명물인 지역입니다. 판다 기지에는 자이언트 판다는 물론 레서 판다까지 모두 천여 마리가 모여 있어, 마음을 사르르 녹이는 귀여운 판다를 원 없이 볼 수 있습니다. 기념품 가게에는 그냥 지나칠 수 없을 정도로 깜찍한 인형과 소품이 가득하니, 기념품에 탕진하지 않도록 정신을 꼭 붙잡고 있어야 해요!

★ 현지 먹거리 체험을 하고 싶다면
진리 먹자골목
Jǐnlǐ Xiǎochī Jiē 锦里小吃街

마치 고전소설 속의 한 장면에 들어온 것 같은 느낌을 주는 곳이에요. 그도 그럴 것이 촉 Shǔ 蜀나라 때의 거리를 재현해 놓은 상점가이기 때문이죠. 각종 기념품은 물론 간단한 노점에서 다양한 현지 먹거리를 팔고 있는데, 가격도 저렴해서 이것 저것 맛보기 좋아요.

★ 불교 문화에 관심이 많다면
러산대불 Lè Shān Dàfó 乐山大佛

건축 기간만 무려 90년이 걸린 높이 71m의 대형 불상이에요. 한쪽 발에만 백 명이 올라갈 수 있다고 하니, 그 웅장함을 짐작도 하기 어렵죠. 러산은 청두 시내와는 조금 떨어져 있으니 여행 계획 세울 때 시간을 넉넉히 배분하는 게 좋아요.

MUST EAT!

청두
成都
Chéngdū

#중국_잘알에게_추천
#삼국지의_도시
#판다_월드
#쓰촨_요리_경험지

위샹러우쓰 yúxiāng ròusī 鱼香肉丝

위샹러우쓰는 가늘게 채 썬 돼지고기를 '위샹 yúxiāng 鱼香'이라는 소스에 볶은 요리입니다. 이름에 물고기를 뜻하는 '鱼'가 들어가 '비린 맛이 나는 것 아닌가' 하는 오해를 받기도 하지만, 생선과는 전혀 관련 없는 새콤달콤한 소스입니다. 위샹 소스는 한국인의 입맛에 잘 맞기 때문에 음식점에서 '위샹치에즈 yúxiāng qiézi 鱼香茄子(위샹 소스가 들어간 가지 볶음 요리)'처럼 '鱼香'이라는 이름이 붙은 요리를 주문하면 실패할 확률이 낮습니다.

차오셔우 chāoshǒu 抄手

매콤한 만둣국같이 생긴 차오셔우는 쓰촨 지역색을 강하게 담고 있습니다. 붉은 고추 기름이 가득한 탕은 보기만 해도 혀가 얼얼해지는 것 같아요. 만두 모양이 마치 사람이 팔짱을 끼고 있는 모양 같다고 해서 '팔짱 끼다'라는 의미의 '차오셔우 chāoshǒu 抄手'라는 이름이 붙었다고 해요.

딴딴몐 dàndànmiàn 担担面

고소한 땅콩 맛과 매콤한 양념 맛이 인상적인 딴딴몐. '중국 10대 면 요리'에 이름을 올릴 정도로 인기 있는 메뉴입니다. 국물이 없는 정통 쓰촨식 딴딴몐을 맛보고 싶다면 '촨베이 찌아창몐 Chuānběi Jiāchángmiàn 川北家常面'을 방문해 보세요!

촨촨샹 chuānchuāxiāng 串串香

청두를 비롯한 쓰촨 Sīchuān 四川 지역 사람들은 훠궈의 얼얼한 홍탕에 각종 꼬치를 담가서 익혀 먹는 걸 좋아해요. 촨촨샹은 저렴한 가격으로 서민들의 허기를 든든하게 채워 주는 착한 음식이랍니다. '리우포 촨촨샹 Liùpó Chuānchuāxiāng 六婆串串香'은 실패할 걱정이 없는 유명 촨촨샹 전문점입니다.

정답과 녹음 대본

DAY 04

뽀각! 중간 보스 39쪽

1. (1) Hánguórén (2) wàiguórén
   (3) yóukè (4) bèndàn
   (5) huàirén

2.

빠샤! 최종 보스 42쪽

1. (1) bú shì 不是 (2) shì 是

2. Nǐ hǎo!

DAY 05

뽀각! 중간 보스 47쪽

1.

2. (1) hànbǎo (2) kělè (3) hē

빠샤! 최종 보스 50쪽

1.

> 녹음 대본
> Wo chī hànbǎo. 我吃汉堡.
> Wǒ bù hē kělè. 我不喝可乐.

2. (1) × (2) ○ (3) ×

> 녹음 대본
> (1) Wǒ bù hē xuěbì. 我不喝雪碧.
> (2) Wǒ chī jiǎozi. 我吃饺子.
> (3) Wǒ bù hē guǒzhī. 我不喝果汁.

DAY 06

뽀각! 중간 보스 59쪽

1.

è	z	h	ǎ	o	y	x
r	j	h	n	x	ò	i
w	i	ī	è	p	n	à
é	i	d	e	g	g	n
i	h	ā	m	ú	ò	j
m	è	i	l	ì	n	ī
ǎ	c	h	ū	q	i	n

2 shēnfènzhèngdenánpéngyoushìxiànjīnxìnyòngkǎnǐ

(1) shēnfènzhèng, 신분증
(2) xìnyòngkǎ, 신용카드

빠샤! 최종 보스 62쪽

1 (1) A   (2) C   (3) B

A Zhè shì wǒ de nánpéngyou.
  这是我的男朋友。
B Nǐ yòng xìnyòngkǎ ma?
  你用信用卡吗?
C Zhè shì wǒ de shēnfènzhèng.
  这是我的身份证。

2
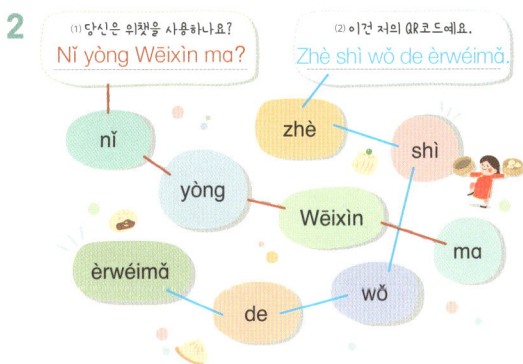

DAY 07

뽀각! 중간 보스 67쪽

1
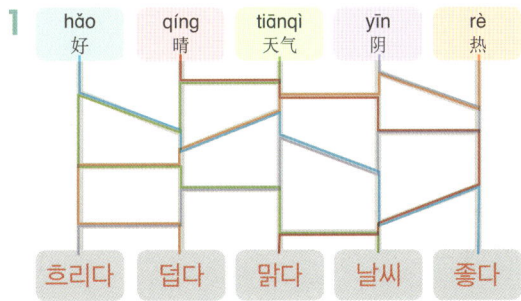

2 (1) bú è   (2) bù lěng
  (3) bú lèi   (4) bù gāoxìng

빠샤! 최종 보스 70쪽

1 (1) ○   (2) ×   (3) ○

(1) Wǒ bú è. 我不饿。
(2) Tiānqì hěn lěng. 天气很冷。
(3) Wǒ hěn gāoxìng. 我很高兴。

2 (1) 吗 너는 춥니?
  → 你 冷 吗 ?

(2) 也 나도 안 추워.
  → 我 也 不 冷 。

(3) 很 날씨가 좋아요.
  → 天 气 很 好 。

DAY 08

뽀각! 중간 보스 75쪽

1
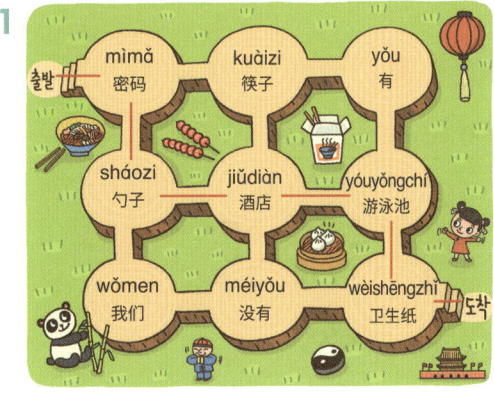

2 (1) 헬스장 – jiàn – shēn – fáng – 健身房
  (2) 휴지 – wèi – shēng – zhǐ – 卫生纸
  (3) 사우나 – sāng – ná – yù – 桑拿浴

빠샤! 최종보스 78쪽

1 (1) Yǒu 有   (2) Méiyǒu 没有

2 Yǒu mìmǎ ma?

DAY 09

뽀각! 중간보스 83쪽

1 năge piàoliang piány hǎochī hǎoyòng

(1) piàoliang, 예쁘다
(2) hǎochī, 맛있다

2
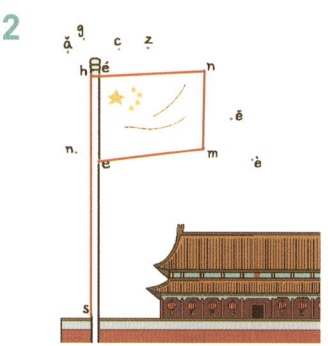

빠샤! 최종보스 86쪽

1 (1) B   (2) C   (3) A

> A Tāmen mǎi shénme? 他们买什么?
> B Tāmen shuō shénme? 他们说什么?
> C Tāmen pāi shénme? 他们拍什么?

> Tāmen chī shénme? 他们吃什么?
> Nà shì dōngpōròu. 那是东坡肉。

DAY 10

뽀각! 중간보스 91쪽

1

2 (1) wèidào, 味道   (2) dàxiǎo, 大小
   (3) gǎnjué, 感觉

빠샤! 최종보스 94쪽

1 (1) O   (2) ×   (3) ×

> (1) Wèidào zěnmeyàng? 味道怎么样?
> (2) Wǒ yào sānmíngzhì hé kāfēi.
>   我要三明治和咖啡。
> (3) Niúròu zěnmeyàng? 牛肉怎么样?

2

A Xīngbākè zài nǎr? 星巴克在哪儿?
B Wǎng xià zǒu. 往下走。

A Yíjiājiājū zài nǎr? 宜家家居在哪儿?
B Wǎng yòu guǎi. 往右拐。

A Jiālèfú zài nǎr? 家乐福在哪儿?
B Wǎng qián zǒu. 往前走。

2 (1) Wǎng dōng zǒu.   (2) 赛百味在哪儿?

DAY 11

뽀각! 중간 보스 103쪽

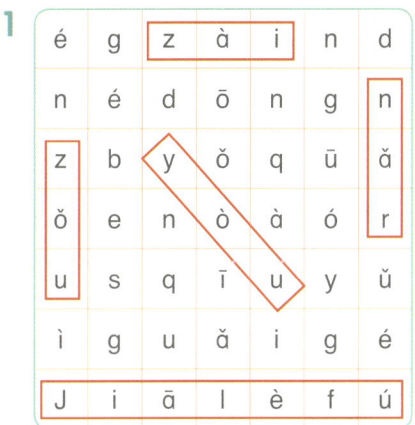

2 (1) 下   (2) 东   (3) 前

빠샤! 최종 보스 106쪽

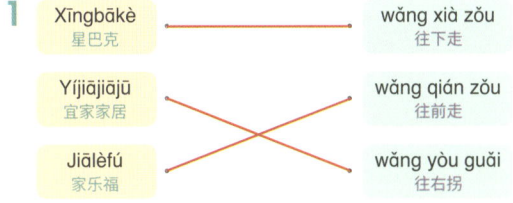

DAY 12

뽀각! 중간 보스 111쪽

1
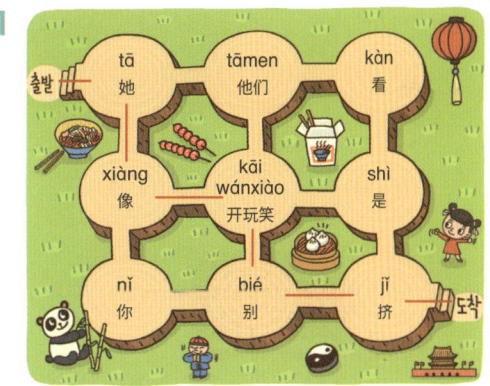

2 (1) děng   (2) shéi
  (3) rào lù   (4) chāduì

빠샤! 최종 보스 114쪽

1 (1) C   (2) A   (3) B

A Nǐ bié jǐ. 你别挤。
B Tā kàn shéi? 她看谁?
C Nǐ bié chāduì. 你别插队。

2

(1) 길을 돌아가지 마세요!
你别绕路!

(2) 그녀는 누구를 기다리나요?
她等谁?

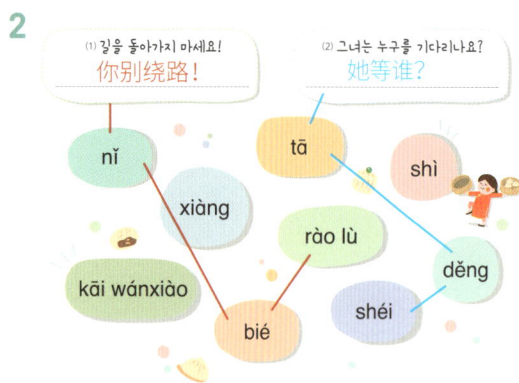

DAY 14

뽀각! **중간 보스** 127쪽

1 (1) wèi, 位   (2) lái, 来
   (3) qù, 去   (4) xiàbān, 下班
   (5) hàoxiàn, 号线

2

DAY 13

뽀각! **중간 보스** 119쪽

1
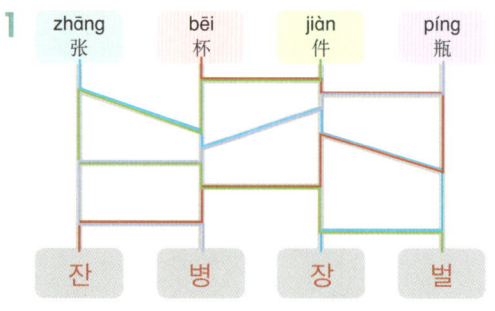

2 nátiěsānshìchángyīfunínliǎng

(1) nátiě, 라테   (2) yīfu, 옷

빠샤! **최종 보스** 122쪽

1 (1) jiàn 件   (2) děng 等
   (3) píng 瓶

2 (1) Nín shì yíxià.   (2) 一杯拿铁。

빠샤! **최종 보스** 130쪽

1 (1) 당신은 언제 오나요?
您什么时候来?

(2) 몇 개예요?
几个?

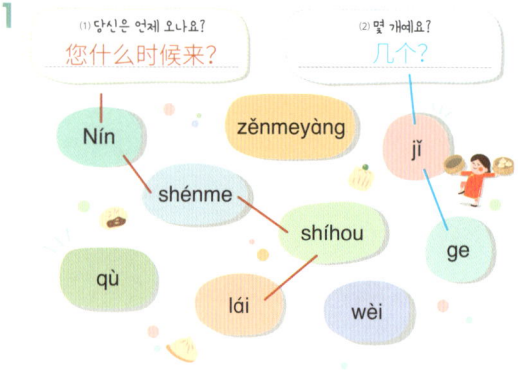

2 几位?

DAY 15

뽀각! 중간 보스 135쪽

1

b	ā	s	h	í	l	q
l	z	h	x	i	é	i
i	h	k	k	h	á	á
ǎ	è	z	u	x	i	n
n	g	n	ǎ	à	ō	b
g	e	h	i	ò	i	ā
d	u	ō	s	h	a	o

2 (1) èrshí (2) bāshí
(3) yìbǎi wǔshí (4) liǎngbǎi líng jiǔ

빠샤! 최종 보스 138쪽

1

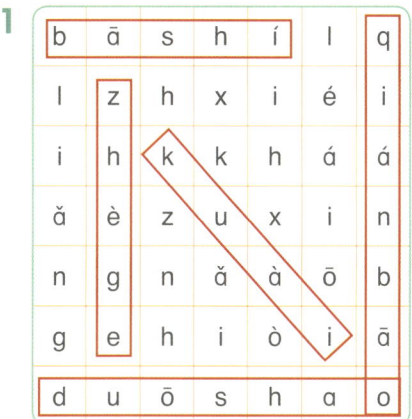

A Qiánbāo duōshao qián?
　钱包多少钱?
B Bāshí kuài. 80块。

A Xínglixiāng duōshao qián?
　行李箱多少钱?
B Liǎngbǎi líng jiǔ kuài. 209块。

A Yùndòngxié duōshao qián?
　运动鞋多少钱?
B Yìbǎi liù. 160。

2 (1) Zhège duōshao qián?
(2) 一百五十。

DAY 16

뽀각! 중간 보스 147쪽

1

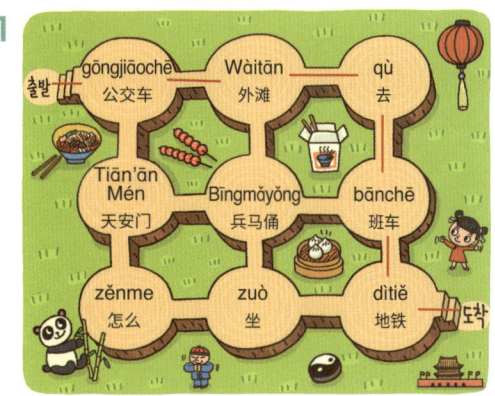

2 gōngjiāochē Wàitān qù chūzūchē zěnme

(1) gōngjiāochē, 버스
(2) chūzūchē, 택시

빠샤! 최종 보스 150쪽

1

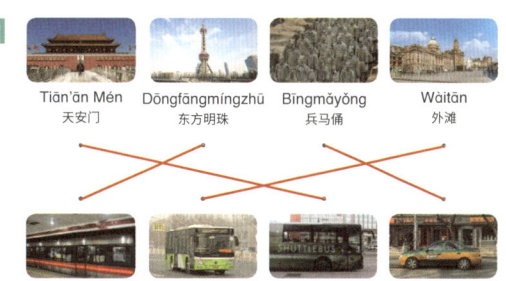

A Zěnme qù Tiān'ān Mén?
　怎么去天安门?
B Zuò bānchē qù. 坐班车去。

A Zěnme qù Dōngfāngmíngzhū?
　怎么去东方明珠?
B Zuò dìtiě qù. 坐地铁去。

A Zěnme qù Bīngmǎyǒng?
　怎么去兵马俑?
B Zuò chūzūchē qù. 坐出租车去。

A Zěnme qù Wàitān? 怎么去外滩?
B Zuò gōngjiāochē qù. 坐公交车去。

2

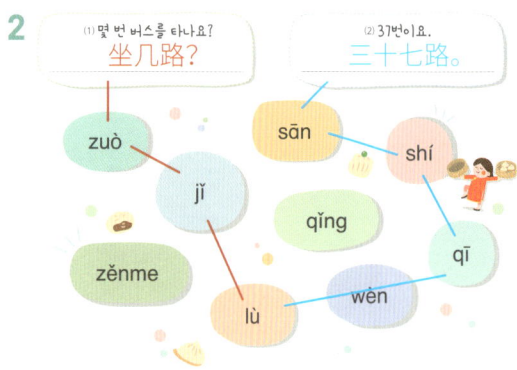

DAY 17

뽀각! **중간 보스** 155쪽

1 (1) 签字   (2) 排队   (3) 买票

2

빠샤! **최종 보스** 158쪽

1 (1) B   (2) A   (3) C

> A Zài zhèr mǎi piào. 在这儿买票。
> B Qǐng ānjìng. 请安静。
> C Qǐng màn diǎnr. 请慢点儿。

2 (1) 在   여기에 차를 세우세요.
→ 在 这 儿 停 车 。

(2) 请   조금 빨리 해 주세요.
→ 请 快 点 儿 。

DAY 18

뽀각! **중간 보스** 163쪽

1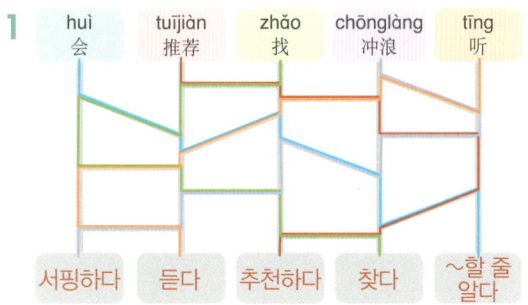

2 (1) 탁구를 치다 – dǎ – pīngpāngqiú
 – 打乒乓球
(2) 중국어를 하다 – shuō – Hànyǔ – 说汉语
(3) 마라샹궈를 만들다 – zuò – málàxiāngguō
 – 做麻辣香锅

빠샤! **최종 보스** 166쪽

1 (1) A   (2) B   (3) C

> A Wǒ huì shuō Hànyǔ. 我会说汉语。
> B Wǒ gěi nǐ tīng yíxià. 我给你听一下。
> C Wǒ huì chōnglàng. 我会冲浪。

2

Wǒ gěi nǐ tuījiàn yíxià.
我给你推荐一下。

DAY 19

뽀각! 중간 보스 171쪽

1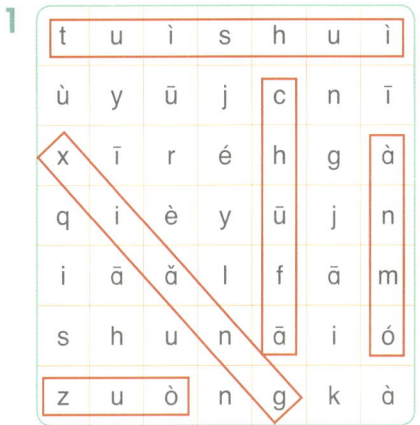

2 ⑴ xīngqīyī, 星期一 ⑵ shuìjiào, 睡觉
  ⑶ huí guó, 回国

빠샤! 최종 보스 174쪽

1 ⑴ kàn yèjǐng 看夜景
  ⑵ xiūxi 休息

2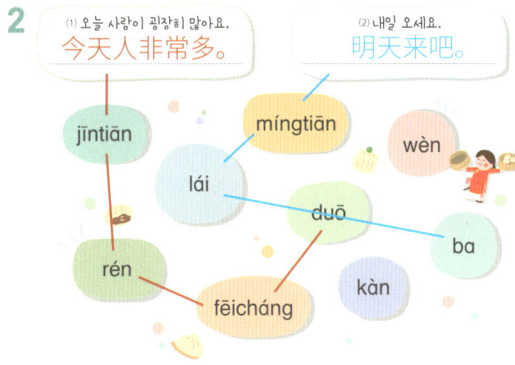

DAY 20

뽀각! 중간 보스 179쪽

1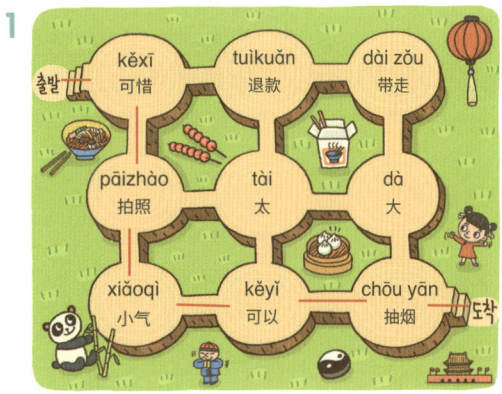

2 ⑴ 退款   ⑵ 远   ⑶ 拍照

빠샤! 최종 보스 182쪽

1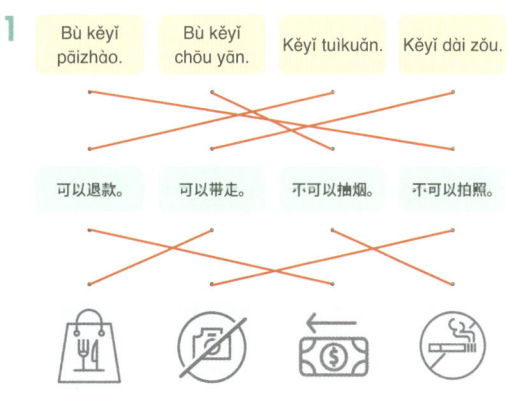

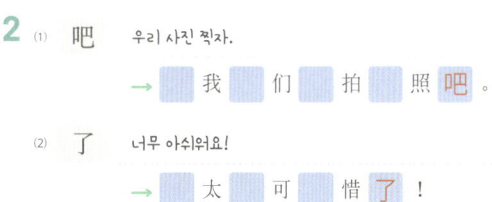

2 ⑴ 吧 우리 사진 찍자.
   → 我 们 拍 照 吧。

  ⑵ 了 너무 아쉬워요!
   → 太 可 惜 了！

단어 색인

A
啊 a [문장 끝에서 감탄 등을 나타냄] 112
安静 ānjìng 조용하다 154
按摩 ànmó 안마, 마사지 168

B
八 bā 8, 여덟 133
吧 ba [문장 끝에서 제안, 명령, 부탁을 나타냄] 60
百 bǎi 100, 백 134
班车 bānchē 셔틀버스 146
棒 bàng 대단하다, 뛰어나다 164
杯 bēi 잔 118
笨蛋 bèndàn 바보 38
别 bié ~하지 마라 109
兵马俑 Bīngmǎyǒng 병마용[지명] 146
不客气 bú kèqi 별말씀요, 천만에요 60
不 bù 아니다 37
不好意思 bù hǎoyìsi 미안하다 40

C
插队 chāduì 새치기하다 110
茶叶蛋 cháyèdàn 차예딴[음식 이름] 46
尝 cháng 맛보다 118
炒饭 chǎofàn 볶음밥 90
炒面 chǎomiàn 볶음면 90
吃 chī 먹다 44
冲浪 chōnglàng 서핑하다 162
抽烟 chōu yān 담배를 피우다 178
出发 chūfā 출발하다 170
出租车 chūzūchē 택시 146

D
打 dǎ 치다, (놀이·운동을) 하다 160
打车 dǎchē 택시를 타다 154
大 dà 크다 178
大小 dàxiǎo 사이즈 90
带走 dài zǒu 포장하다 178
的 de ~의 57
等 děng 기다리다 110
地铁 dìtiě 지하철 146
点 diǎn 시 128
点儿 diǎnr 좀, 약간 154
东 dōng 동쪽 102
东方明珠 Dōngfāngmíngzhū 동방명주[지명] 146
东坡肉 dōngpōròu 동파육[음식 이름] 84
对不起 duìbuqǐ 미안하다 180
多 duō 많다 172
多少 duōshao 얼마 132

E
饿 è 배고프다 66
二 èr 2, 둘 134
二维码 èrwéimǎ QR코드 57

F
非常 fēicháng 굉장히, 아주 172

G
感觉 gǎnjué 느낌 90
高兴 gāoxìng 기쁘다 66
个 ge 개, 명 126
给 gěi ~에게 161
公交车 gōngjiāochē 버스 145
拐 guǎi 꺾다 102
锅包肉 guōbāoròu 꿔바오러우[음식 이름] 90
果汁 guǒzhī 주스 46

H

韩国人	Hánguórén	한국인	38
汉堡	hànbǎo	햄버거	44
汉语	Hànyǔ	중국어	162
好	hǎo	안녕하다	40
		좋다	48
好吃	hǎochī	맛있다	81
好用	hǎoyòng	쓰기 편하다	82
号线	hàoxiàn	호선	126
喝	hē	마시다	45
和	hé	~과	88
很	hěn	매우, 아주	64
坏人	huàirén	나쁜 사람	38
回国	huí guó	귀국하다	170
会	huì	~할 줄 알다	160

J

挤	jǐ	밀다	110
几	jǐ	몇	124
加	jiā	더하다, 추가하다	60
家乐福	Jiālèfú	까르푸[대형 할인점]	102
件	jiàn	벌[옷을 세는 단위]	118
健身房	jiànshēnfáng	헬스장	74
饺子	jiǎozi	쟈오즈[음식 이름]	46
今天	jīntiān	오늘	172
近	jìn	가깝다	104
九	jiǔ	9, 아홉	134
酒店	jiǔdiàn	호텔	72

K

咖啡	kāfēi	커피	90
开门	kāi mén	문을 열다	126
开玩笑	kāi wánxiào	농담하다	109
看	kàn	보다	110
可乐	kělè	콜라	45
可惜	kěxī	아쉽다	177
可以	kěyǐ	~해도 된다	176
块	kuài	위안[중국의 화폐 단위]	133
快	kuài	빠르다	154
筷子	kuàizi	젓가락	74

L

来	lái	오다	125
累	lèi	피곤하다	66
冷	lěng	춥다	65
两	liǎng	2, 둘	118
零	líng	0, 영	134
六	liù	6, 여섯	128
路	lù	노선	148

M

麻辣烫	málàtàng	마라탕[음식 이름]	90
麻辣香锅	málàxiāngguō	마라샹궈[음식 이름]	162
麻婆豆腐	mápódòufu	마파두부[음식 이름]	84
吗	ma	[문장 끝에서 의문을 나타냄]	56
买	mǎi	사다	82
慢	màn	느리다	154
没	méi	없다	92
没有	méiyǒu	없다	73
魅力	mèilì	매력	58
密码	mìmǎ	비밀번호	73
明天	míngtiān	내일	172

N

拿铁	nátiě	라테	118
哪个	nǎge	어느 것, 어떤	81
哪儿	nǎr	어디	100
那	nà	저, 저것	84
男朋友	nánpéngyou	남자 친구	58

呢 ne ~은요? 48
嗯 ǹg [동의를 나타냄] 92
你 nǐ 너, 당신 40
您 nín 당신, 귀하 117
牛肉 niúròu 소고기 89

P

拍 pāi (사진을) 찍다 82
拍照 pāizhào 사진 찍다 176
排队 páiduì 줄을 서다 153
啤酒 píjiǔ 맥주 88
便宜 piányi 싸다 82
票 piào 표 152
漂亮 piàoliang 예쁘다 82
乒乓球 pīngpāngqiú 탁구 160
瓶 píng 병 118
苹果手机 Píngguǒ Shǒujī 아이폰 58

Q

七 qī 7, 일곱 148
签字 qiānzì 사인하다 154
前 qián 앞 101
钱 qián 돈 132
钱包 qiánbāo 지갑 134
青岛啤酒 Qīngdǎo Píjiǔ 칭다오 맥주 118
晴 qíng (날씨가) 맑다 66
请 qǐng ~해 주세요 153
请问 qǐngwèn 말씀 좀 여쭙겠습니다, 실례합니다 104
去 qù 가다 126

R

绕路 rào lù 길을 돌아가다 110
热 rè 덥다 66
人 rén 사람 128

S

赛百味 Sàibǎiwèi 서브웨이[샌드위치 전문점] 102
三 sān 3, 셋 118
三明治 sānmíngzhì 샌드위치 90
桑拿浴 sāngnáyù 사우나 74
上班族 shàngbānzú 직장인 38
勺子 sháozi 숟가락 74
谁 shéi 누구 108
身份证 shēnfènzhèng 신분증 58
什么 shénme 무엇, 무슨 80
十 shí 10, 열 133
时候 shíhou 때, 시각 125
是 shì ~이다 36
 그렇다, 맞다 180
试 shì 시도하다 118
薯条 shǔtiáo 감자튀김 48
睡觉 shuìjiào 자다 170
说 shuō 말하다 82
四 sì 4, 넷 118

T

她 tā 그녀 108
他们 tāmen 그들 80
太……了 tài …… le 너무 ~하다 177
天 tiān 날, 일 126
天安门 Tiān'ān Mén 천안문[지명] 146
天气 tiānqì 날씨 64
听 tīng 듣다 162
停车 tíngchē 차를 세우다 154
推荐 tuījiàn 추천하다 162
退款 tuìkuǎn 환불하다 178
退税 tuìshuì 세금을 환급받다 170

W

哇 wā 와, 우와 164

外国人 wàiguórén 외국인	38
外滩 Wàitān 와이탄[상하이 황푸강변 일대의 지명]	144
往 wǎng ~을 향해	101
微信 Wēixìn 위챗[중국의 메신저 앱]	56
位 wèi 분, 명	124
味道 wèidào 맛	90
卫生纸 wèishēngzhǐ 휴지	74
问题 wèntí 문제	92
我 wǒ 나, 저	36
我们 wǒmen 우리, 저희	72
五 wǔ 5, 다섯	134

X

下 xià 아래	102
下班 xiàbān 퇴근하다	126
现金 xiànjīn 현금	58
想 xiǎng ~하고 싶다	168
像 xiàng 닮다	110
小气 xiǎoqì 치사하다	178
谢谢 xièxie 감사합니다	60
信用卡 xìnyòngkǎ 신용카드	58
星巴克 Xīngbākè 스타벅스[커피 전문점]	100
星期一 xīngqīyī 월요일	169
行李箱 xínglixiāng 캐리어	134
休息 xiūxi 쉬다	170
雪碧 xuěbì 사이다	46

Y

羊肉 yángròu 양고기	92
羊肉串 yángròuchuàn 양꼬치	88
腰带 yāodài 벨트	136
要 yào 원하다, 필요하다	88
也 yě ~도, 역시	68
夜景 yèjǐng 야경	170
一 yī 1, 하나	116

衣服 yīfu 옷	118
宜家家居 Yíjiājiājū 이케아[가구 전문점]	102
一下 yíxià 좀 ~하다, 한번 ~해 보다	117
一卡通 Yìkǎtōng 이카통[중국 교통카드]	116
阴 yīn (날씨가) 흐리다	66
用 yòng 쓰다, 사용하다	56
游客 yóukè 관광객	38
油条 yóutiáo 여우탸오[음식 이름]	46
游泳池 yóuyǒngchí 수영장	74
有 yǒu 있다	72
有名 yǒumíng 유명하다	112
右 yòu 오른쪽	102
远 yuǎn 멀다	104
运动鞋 yùndòngxié 운동화	134

Z

在 zài ~에 있다	100
~에서	152
怎么 zěnme 어떻게	144
怎么样 zěnmeyàng 어떠한가	89
张 zhāng 장[넓고 평평한 물건을 세는 단위]	116
招牌菜 zhāopáicài 간판 요리	84
找 zhǎo 찾다	162
这 zhè 이, 이것	57
这个 zhège 이, 이것	132
这儿 zhèr 여기, 이곳	152
真 zhēn 정말, 진짜	164
珍珠奶茶 zhēnzhū nǎichá 버블밀크티	46
知道 zhīdào 알다	112
中国人 Zhōngguórén 중국인	37
走 zǒu 가다, 걷다	101
坐 zuò 앉다	118
타다	145
做 zuò 만들다	162
하다	168

다락원 홈페이지에서 MP3 파일
다운로드 및 실시간 재생 서비스

중국어 잘하고 싶을 땐 다락원 독학 첫걸음

저자 서수빈
펴낸이 정규도
펴낸곳 (주)다락원

초판 1쇄 발행 2020년 1월 15일
초판 4쇄 발행 2024년 12월 26일

기획·편집 한은혜, 정아영, 이상윤
디자인 박나래
조판 최영란
일러스트 이예지, 니렘
녹음 朴龙君, 曹红梅, 王乐, 허강원

㉠다락원 경기도 파주시 문발로 211
전화 (02)736-2031(내선 250~252/내선 430)
팩스 (02)732-2037
출판등록 1977년 9월 16일 제406-2008-000007호

Copyright ⓒ 2020, 서수빈

저자 및 출판사의 허락 없이 이 책의 일부 또는 전부를 무단 복제·전재·발췌할 수 없습니다. 구입 후 철회는 회사 내규에 부합하는 경우에 가능하므로 구입처에 문의하시기 바랍니다. 분실·파손 등에 따른 소비자 피해에 대해서는 공정거래위원회에서 고시한 소비자 분쟁 해결 기준에 따라 보상 가능합니다. 잘못된 책은 바꿔 드립니다.

ISBN 978-89-277-2270-0 18720

www.darakwon.co.kr

다락원 홈페이지를 방문하시면 상세한 출판 정보와 함께 동영상 강좌, MP3 자료 등 다양한 어학 정보를 얻으실 수 있습니다.

중국어 잘하고 싶을 땐 다락원 독학 첫걸음

서수빈 지음 | 차오팡 감수

HSK 1급·2급 단어 쓰기 노트

중국어 잘하고 싶을 땐 다락원 독학 첫걸음

HSK 1급·2급 단어 쓰기 노트

★ 'HSK 1급·2급 단어 쓰기 노트'로 HSK까지 한번에 준비해 보세요!

- 'HSK 1급·2급 단어 쓰기 노트'에는 HSK 1급·2급 필수 단어 300개가 수록되어 있습니다. 매일 15개씩 20일 동안 쓰기 연습을 해 보세요.

- HSK 1급·2급 필수 단어를 한어병음, 뜻과 함께 제시했습니다.

- 단어를 소리 내어 읽고 빈칸에 쓰면서 익혀 보세요.

- 쓰기 노트를 단어장처럼 활용해 보세요! 외운 단어는 박스에 체크하세요.

HSK란?
HSK(Hànyǔ shuǐpíng kǎoshì 汉语水平考试)는 중국 정부 기관인 '한반(汉办)'에서 주관하는 중국어 능력 평가 시험으로 1~6급으로 나뉘어 치러집니다. 전 세계 112개국에서 시행되며, 취득한 HSK 성적과 급수는 전 세계에서 공통으로 인정됩니다. HSK 1급은 '간단한 중국어 단어와 문장을 이해할 수 있고 사용할 수 있으며, 기초적인 일상 회화를 할 수 있는 수준', HSK 2급은 '중국어로 간단하게 일상생활에서 일어나는 화제에 대해 이야기할 수 있는 수준'을 의미합니다. HSK 1급과 2급은 문제에 한어병음이 표기되어 있습니다.

일러두기

중국어의 품사는 다음과 같이 약어로 표기했습니다.

명사/고유명사	명/고유	부사	부	접속사	접
대사	대	수사	수	감탄사	감
동사	동	양사	양	조사	조
조동사	조동	수량사	수량	의성사	의성
형용사	형	개사	개	성어	성

한자 기본 상식

육서

'육서'란 한자의 구조 및 활용에 관한 6가지 원리입니다. '상형' '지사' '회의' '형성' '전주' '가차'가 있습니다.

(1) **상형(象形)**: 사물의 모양을 보고 만든 글자
　　예) 日 해 일　月 달 월　木 나무 목

(2) **지사(指事)**: 추상적인 개념을 상징적으로 나타낸 글자
　　예) 上 위 상　下 아래 하　中 가운데 중

(3) **회의(會意)**: 두 개 이상의 글자를 합해 새로운 뜻을 나타내는 글자
　　예) 林 수풀 림　信 믿을 신　明 밝을 명

(4) **형성(形聲)**: 의미와 발음을 나타내는 두 글자를 합해 만든 글자
　　예) 淸 맑을 청　校 학교 교　花 꽃 화

(5) **전주(轉注)**: 본래 뜻에서 변화되어 사용되는 글자
　　예) 相 서로 상, 도울 상　樂 풍류 악, 즐거울 락

(6) **가차(假借)**: 본래의 뜻에 관계없이 모양이나 음을 빌려 쓰는 방법. 의성어, 의태어, 외래어 표기에 많이 사용
　　예) 弗 달러[미국 화폐인 달러($)와 모양이 비슷해서 빌려 씀]
　　　　可口可樂 코카콜라['Coca Cola'와 음이 비슷해서 빌려 씀]

간체자가 만들어진 방법

(1) 전체 윤곽만 남긴다.　　　　　　　　　　예) 氣 → 气　　廣 → 广
(2) 옛 글자(古字)를 차용한다.　　　　　　　예) 雲 → 云　　網 → 网
(3) 속자를 차용한다.　　　　　　　　　　　예) 國 → 国　　頭 → 头
(4) 글자의 일부분만 남긴다.　　　　　　　　예) 開 → 开　　習 → 习
(5) 부분 편방을 줄이거나 생략한다.　　　　　예) 標 → 标　　競 → 竞
(6) 형성자에서는 간단한 성부(聲部)를 사용한다.　예) 運 → 运　　護 → 护
(7) 필획이 간단한 같은 음의 글자로 대체한다.　예) 裡 → 里　　乾 → 干
(8) 글자의 복잡한 부분을 간단한 부호로 바꾼다.　예) 難 → 难　　鷄 → 鸡
(9) 초서(草書)를 해서(楷書)화한다.　　　　　예) 書 → 书　　樂 → 乐
(10) 필획이 적은 회의자로 대체한다.　　　　　예) 塵 → 尘　　筆 → 笔

한자 기본 상식

간체자 쓰기 규칙

(1) 가로획을 먼저 쓰고 세로획을 쓴다. 예) 十: 一 十

(2) 삐침을 먼저 쓰고 파임을 쓴다. 예) 人: 丿 人

(3) 위에서 아래로 쓴다. 예) 二: 一 二

(4) 왼쪽에서 오른쪽으로 쓴다. 예) 几: 丿 几

(5) 밖에서 안으로 쓴다. 예) 月: 丿 刀 月 月

(6) 밖에서 안으로 쓰고 막는다. 예) 日: 丨 冂 日 日

(7) 중간을 먼저 쓰고 양쪽을 쓴다. 예) 小: 亅 小 小

주요 간체자 대조표

번체자	훈음	간체자	한어병음
戶	집 호	户	hù
言	말씀 언	讠	yán
車	차 차	车	chē
長	길 장	长	cháng
靑	푸를 청	青	qīng
頁	머리 혈	页	yè
飛	날 비	飞	fēi
馬	말 마	马	mǎ
鳥	새 조	鸟	niǎo
黃	누를 황	黄	huáng
齒	이 치	齿	chǐ
龜	거북 귀	龟	guī

번체자	훈음	간체자	한어병음
見	볼 견	见	jiàn
貝	조개 패	贝	bèi
金	쇠 금	钅	jīn
門	문 문	门	mén
偉	클 위	韦	wéi
風	바람 풍	风	fēng
食	먹을 식	饣	shí
魚	물고기 어	鱼	yú
麥	보리 맥	麦	mài
齊	가지런할 제	齐	qí
龍	용 용	龙	lóng
豐	풍년 풍	丰	fēng

DAY 01

1급 爱 ài
동 사랑하다, ~하는 것을 좋아하다

1급 八 bā
수 8, 여덟

2급 吧 ba
조 [문장 끝에서 제안, 명령, 부탁을 나타냄]

2급 白 bái
형 희다

2급 百 bǎi
수 100, 백

| 2급 | 帮助
bāngzhù
동 돕다 | 帮助 |

| 2급 | 报纸
bàozhǐ
명 신문 | 报纸 |

| 1급 | 杯子
bēizi
명 컵 | 杯子 |

| 1급 | 北京
Běijīng
고유 베이징 | 北京 |

| 2급 | 宾馆
bīnguǎn
명 호텔 | 宾馆 |

DAY 02

1급		
菜 cài 명 요리, 음식	菜	

1급		
茶 chá 명 차	茶	

2급		
长 cháng 형 (길이, 시간이) 길다	长	

1급		
吃 chī 동 먹다	吃	

2급		
出 chū 동 나오다	出	

2급 穿 chuān
동 (옷·신발 등을) 입다, 신다

2급 次 cì
양 번, 차례

2급 从 cóng
개 ~에서부터

2급 错 cuò
형 틀리다, 맞지 않다

1급 大 dà
형 크다

2급 唱歌 chàng gē 노래를 부르다

1급 不客气 bú kèqi 천만에요, 별말씀을요

1급 出租车 chūzūchē 명 택시

1급 打电话 dǎ diànhuà 전화를 하다

2급 打篮球 dǎ lánqiú 농구를 하다

DAY 03

2급 　
到 dào
동 도착하다　개 ~까지

1급
的 de
조 ~의

2급
得 de
조 [동사나 형용사 뒤에 쓰여 결과나 정도를 나타내는 보어를 연결함]

2급
等 děng
동 기다리다

1급
点 diǎn
양 시[시간을 세는 단위]
동 주문하다　양 조금, 약간

2급	懂 dǒng 동 이해하다, 알다	懂
1급	都 dōu 부 모두	都
1급	读 dú 동 읽다	读
2급	大家 dàjiā 대 모든 사람, 모두	大家
2급	弟弟 dìdi 명 남동생	弟弟

DAY 04

2급

对
duì
[형] 맞다, 옳다

2급

对
duì
[개] ~에 대해서

1급

多
duō
[형] 많다
[수] ~정도, ~남짓

1급

二
èr
[수] 2, 둘

2급

高
gāo
[형] 높다, (키가) 크다

1급	多少 duōshao 대 얼마, 몇	多少
1급	儿子 érzi 명 아들	儿子
1급	饭店 fàndiàn 명 호텔	饭店
2급	房间 fángjiān 명 방	房间
1급	飞机 fēijī 명 비행기	飞机

DAY 05

1급 个 ge
양 명, 개

2급 给 gěi
개 ~에게
동 주다

1급 狗 gǒu
명 개

2급 贵 guì
형 (가격이) 비싸다

2급 过 guo
조 ~한 적이 있다

| 2급 | 还 hái | 분 ① 더, 또 ② 여전히, 아직도 |

| 1급 | 好 hǎo | 형 좋다, 안녕하다 |

| 2급 | 告诉 gàosu | 동 말하다, 알리다 |

| 2급 | 哥哥 gēge | 명 형, 오빠 |

| 1급 | 工作 gōngzuò | 명 업무, 일 / 동 일하다, 근무하다 |

2급		
公司 gōngsī 명 회사	公司	

2급		
孩子 háizi 명 어린아이	孩子	

1급		
汉语 Hànyǔ 고유 중국어	汉语	

2급		
好吃 hǎochī 형 맛있다	好吃	

2급		
公共汽车 gōnggòng qìchē 명 버스	公共汽车	

DAY 06

号 hào
1급
명 ① 번호, 호
② 일[날짜]

喝 hē
1급
동 마시다

和 hé
1급
개 ~과

黑 hēi
2급
형 어둡다, 검다

很 hěn
1급
부 매우

件 jiàn
양 벌, 개, 건[일·사건·옷을 세는 단위]

后面 hòumiàn
명 뒤, 뒤쪽

机场 jīchǎng
명 공항

鸡蛋 jīdàn
명 달걀, 계란

火车站 huǒchēzhàn
명 기차역

DAY 07

1급 叫 jiào
동 부르다, 외치다

2급 进 jìn
동 (밖에서 안으로) 들다

2급 近 jìn
형 가깝다

1급 九 jiǔ
수 9, 아홉

2급 就 jiù
부 ① 곧, 즉시, 바로
② ~하자마자 바로
③ ~면, ~인 이상

DAY 08

2급

课
kè
몡 수업, 강의

1급

块
kuài
양 ① 위안[중국의 화폐 단위]
② 조각, 장

2급

快
kuài
혱 빠르다

1급

来
lái
동 오다

1급

了
le
조 [동사 뒤에 쓰여 동작의 완성을 나타내거나 문장 끝에 쓰여 변화를 나타냄]

DAY 09

2급 零 líng
㈜ 0, 영

1급 六 liù
㈜ 6, 여섯

2급 路 lù
명 도로, 길

1급 吗 ma
조 [문장 끝에서 의문을 나타냄]

1급 买 mǎi
동 사다, 구입하다

2급	卖 mài 동 팔다, 판매하다
2급	慢 màn 형 느리다
2급	忙 máng 형 바쁘다
1급	猫 māo 명 고양이
2급	每 měi 대 매, 각

2급
旅游 lǚyóu
동 여행하다

1급
妈妈 māma
명 엄마

1급
没有 méiyǒu
동 없다
부 ~않다

2급
妹妹 mèimei
명 여동생

1급
没关系 méi guānxi
괜찮다, 문제없다

DAY 10

2급 门 mén
- 명 문
- 양 과목

1급 哪 nǎ
- 대 어느, 어떤

1급 那 nà
- 대 그, 저

2급 男 nán
- 명 남자

1급 呢 ne
- 조 [문장 끝에서 의문을 나타냄]

DAY 11

2급 女 nǚ
명 여자, 여성

2급 票 piào
명 표

1급 七 qī
수 7, 일곱

2급 千 qiān
수 1000, 천

1급 女儿 nǚ'er
명 딸

DAY **11**

DAY 12

1급
钱
qián
몡 돈

2급
晴
qíng
휑 (날씨가) 맑다

1급
请
qǐng
툥 ~해 주세요

1급
去
qù
툥 가다

2급
让
ràng
툥 ~하게 하다

DAY 13

1급 少 shǎo
형 적다

1급 谁 shéi
대 누구

1급 十 shí
수 10, 열

1급 是 shì
동 ~이다

1급 书 shū
명 책

DAY 14

1급 说 shuō
동 말하다

1급 四 sì
수 4, 넷

2급 送 sòng
동 ① 배웅하다
② 선물하다, 주다

1급 岁 suì
명 살, 세

1급 他 tā
대 그, 그 사람

DAY 15

1급

听
tīng
동 듣다

2급

外
wài
명 밖, 바깥

2급

完
wán
동 마치다, 끝내다

2급

玩
wán
동 놀다

2급

往
wǎng
개 ~을 향해

1급		
喂 wéi 갑 (전화상에서) 여보세요	喂	

2급		
问 wèn 동 묻다, 질문하다	问	

1급		
我 wǒ 대 나	我	

1급		
五 wǔ 수 5, 다섯	五	

2급		
跳舞 tiàowǔ 동 춤을 추다	跳舞	

DAY 16

2급 洗 xǐ
동 씻다

1급 下 xià
명 ① 아래
② 다음, 나중

1급 想 xiǎng
동 ① ～하고 싶다
② 생각하다

1급 小 xiǎo
형 작다

2급 笑 xiào
동 웃다

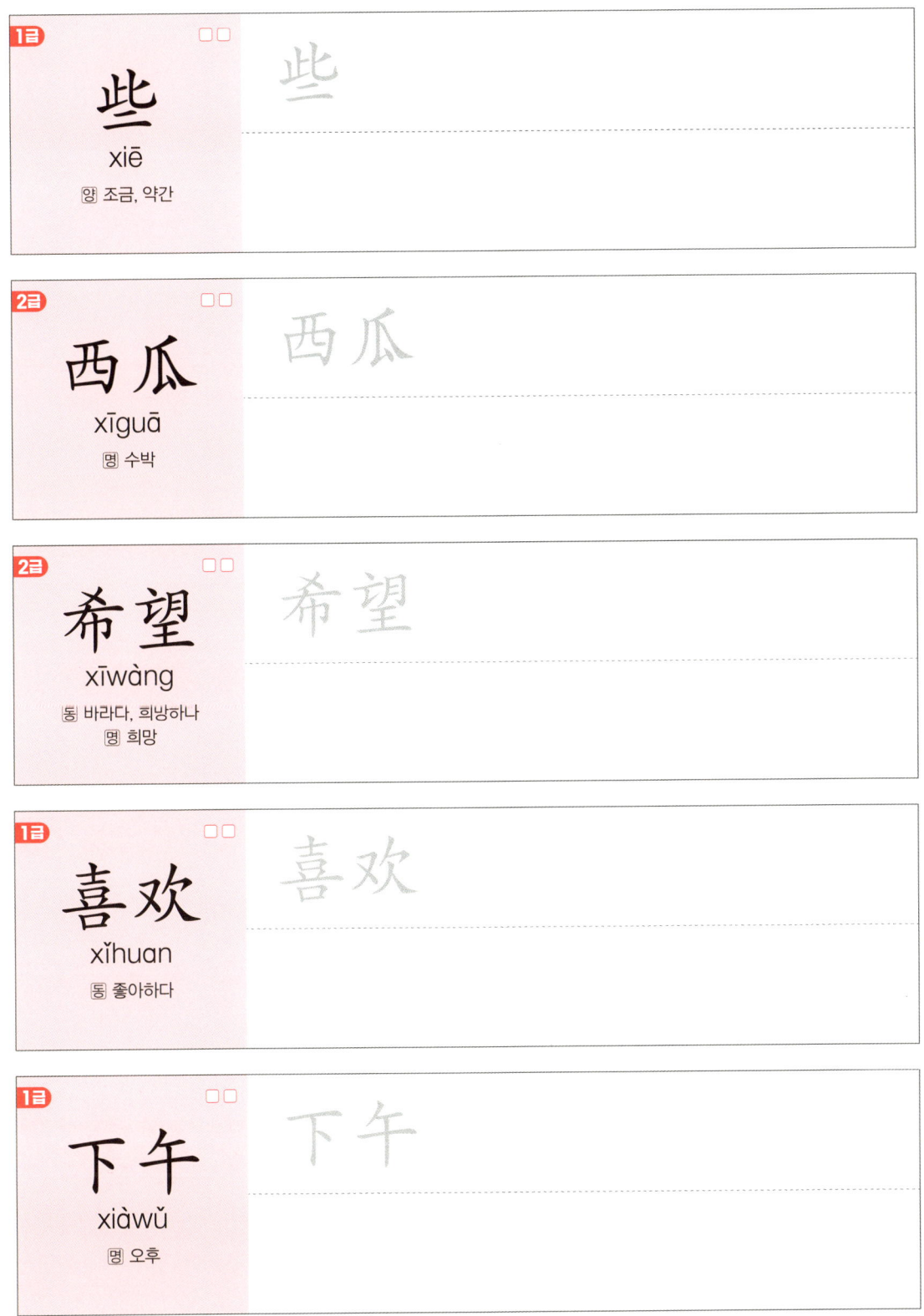

1급	下雨 xià yǔ 비가 오다
1급	先生 xiānsheng 명 선생, 씨
1급	现在 xiànzài 명 지금, 현재
1급	小姐 xiǎojiě 명 아가씨
2급	小时 xiǎoshí 명 시간

DAY 17

1급

写
xiě
동 (글씨를) 쓰다

2급

新
xīn
형 새것의
부 새로이, 갓

2급

姓
xìng
동 성이 ~이다

2급

雪
xuě
명 눈

2급

药
yào
명 약

1급	学习 xuéxí 동 학습하다	学习

1급	学校 xuéxiào 명 학교	学校

2급	颜色 yánsè 명 색, 색깔	颜色

2급	眼睛 yǎnjing 명 눈	眼睛

2급	羊肉 yángròu 명 양고기	羊肉

DAY 18

2급 也 yě 曱 ~도, 역시

1급 一 yī ㊈ 1, 하나

2급 阴 yīn 휑 (날씨가) 흐리다

1급 有 yǒu 동 있다

2급 一起 yìqǐ 曱 함께, 같이

| 1급 | 椅子 yǐzi [명] 의자 | 椅子 |

| 2급 | 意思 yìsi [명] 의미, 뜻 | 意思 |

| 2급 | 游泳 yóuyǒng [명] 수영 [동] 수영하다 | 游泳 |

| 1급 | 一点儿 yìdiǎnr [수량] ① 약간, 좀 ② 조금도, 전혀 | 一点儿 |

| 2급 | 因为…… 所以…… yīnwèi …… suǒyǐ …… ~하기 때문에 그래서 ~하다 | 因为
所以 |

DAY 19

2급 鱼 yú
명 물고기

2급 远 yuǎn
형 멀다

1급 月 yuè
명 달, 월

2급 再 zài
부 다시

1급 在 zài
동 ~에 있다
개 ~에서
부 ~하고 있는 중이다

DAY 20

2급 真 zhēn
부 정말, 진짜

真

1급 住 zhù
동 살다, 거주하다

住

1급 字 zì
명 글자

字

2급 走 zǒu
동 가다, 걷다

走

2급 最 zuì
부 가장, 제일

最

1급	坐 zuò ⑧ ① 앉다 ② (교통수단을) 타다	坐
1급	做 zuò ⑧ 만들다, 하다	做
2급	正在 zhèngzài ⑨ 지금 ~하고 있는 중이다	正在
2급	知道 zhīdào ⑧ 알다	知道
1급	中国 Zhōngguó 고유 중국	中国

다락원 홈페이지에서 MP3 파일
다운로드 및 실시간 재생 서비스

중국어 잘하고 싶을 땐 다락원 독학 첫걸음

저자 서수빈
펴낸이 정규도
펴낸곳 (주)다락원

기획·편집 한은혜, 정아영, 이상윤
디자인 박나래
조판 최영란
일러스트 이예지, 니렘
녹음 朴龙君, 曹红梅, 王乐, 허강원

다락원 경기도 파주시 문발로 211
전화 (02)736-2031(내선 250~252/내선 430)
팩스 (02)732-2037
출판등록 1977년 9월 16일 제406-2008-000007호

Copyright © 2020, 서수빈

저자 및 출판사의 허락 없이 이 책의 일부 또는 전부를 무단 복제·전재·발췌할 수 없습니다. 구입 후 철회는 회사 내규에 부합하는 경우에 가능하므로 구입처에 문의하시기 바랍니다. 분실·파손 등에 따른 소비자 피해에 대해서는 공정거래위원회에서 고시한 소비자 분쟁 해결 기준에 따라 보상 가능합니다. 잘못된 책은 바꿔 드립니다.

ISBN 978-89-277-2270-0 18720

www.darakwon.co.kr

다락원 홈페이지를 방문하시면 상세한 출판 정보와 함께 동영상 강좌, MP3 자료 등 다양한 어학 정보를 얻으실 수 있습니다.

중국어 잘하고 싶을 땐
다락원 독학 첫걸음 워크북

★ 단어와 핵심 패턴 완전 정복! 본책 학습을 마친 후, 워크북으로 복습하세요.

'핵심 패턴 1, 2'·'짜잔! 패턴 변신'·'두둥! 실제 상황'에 등장한 단어를 모았습니다. 빈칸에 알맞은 한자, 한어병음, 뜻을 써 보면서 단어를 복습하세요.

'짜잔! 패턴 변신'에서 바꿔 말한 문장을 다시 한 번 연습해 봅시다. 빈칸에 알맞은 단어를 넣어 문장을 완성하고 말하기 연습도 해 보세요.

첵첵! 단어 정복

• 빈칸에 알맞은 한자, 한어병음, 뜻을 쓰세요.

한자	한어병음	뜻
我	wǒ	(1)
(2)	shì	~이다
不	(3)	아니다
(4)	Zhōngguórén	중국인
韩国人	(5)	한국인
(6)	wàiguórén	외국인
游客	yóukè	(7)
笨蛋	(8)	바보
(9)	huàirén	나쁜 사람
上班族	shàngbānzú	(10)
(11)	nǐ	너, 당신
好	(12)	안녕하다
不好意思	bù hǎoyìsi	(13)

쏙쏙! 패턴 정복

🎵 **핵심 패턴 1**과 **핵심 패턴 2**를 참고하여 문장을 완성하세요.

핵심 패턴 1　　　　　　　　　　　　　　　　　　04-02

　　　워　스　　한　　타이리
　　Wǒ shì Hán Tàilì.　　我是韩太利。
　　저는 한태리입니다.

(1) 저는 한국인입니다.

　　Wǒ shì _____.　　我是_____。

(2) 저는 외국인입니다.

　　Wǒ shì _____.　　我是_____。

(3) 저는 관광객입니다.

　　Wǒ shì _____.　　我是_____。

핵심 패턴 2　　　　　　　　　　　　　　　　　　04-03

　　　워　　부　스　　　쭝궈런
　　Wǒ bú shì Zhōngguórén.　　我不是中国人。
　　저는 중국인이 아니에요.

(1) 저는 바보가 아니에요.

　　Wǒ bú shì _____.　　我不是_____。

(2) 저는 나쁜 사람이 아니에요.

　　Wǒ bú shì _____.　　我不是_____。

(3) 저는 직장인이 아니에요.

　　Wǒ bú shì _____.　　我不是_____。

책책! 단어 정복

빈칸에 알맞은 한자, 한어병음, 뜻을 쓰세요.

한자	한어병음	뜻
(1)	chī	먹다
汉堡	hànbǎo	(2)
喝	(3)	마시다
(4)	kělè	콜라
(5)	yóutiáo	여우탸오
(6)	jiǎozi	쟈오즈
茶叶蛋	(7)	차예딴
雪碧	(8)	사이다
(9)	guǒzhī	주스
珍珠奶茶	zhēnzhū nǎichá	(10)
呢	(11)	~은요?
薯条	shǔtiáo	(12)
(13)	hǎo	좋다

쏙쏙! 패턴 정복

🎵 **핵심 패턴 1**과 **핵심 패턴 2**를 참고하여 문장을 완성하세요.

핵심 패턴 1 　　　　　　　　　　　　　　　　🔊 05-02

　　워　　츠　　　한바오
Wǒ chī hànbǎo.　　我吃汉堡。
저는 햄버거를 먹어요.

(1) 저는 여우탸오를 먹어요.

　　Wǒ chī _____.　　我吃_____。

(2) 저는 쟈오즈를 먹어요.

　　Wǒ chī _____.　　我吃_____。

(3) 저는 차예딴을 먹어요.

　　Wǒ chī _____.　　我吃_____。

핵심 패턴 2 　　　　　　　　　　　　　　　　🔊 05-03

　　워　뿌　허　커러
Wǒ bù hē kělè.　　我不喝可乐。
저는 콜라를 안 마셔요.

(1) 저는 사이다를 안 마셔요.

　　Wǒ bù hē _____.　　我不喝_____。

(2) 저는 주스를 안 마셔요.

　　Wǒ bù hē _____.　　我不喝_____。

(3) 저는 버블밀크티를 안 마셔요.

　　Wǒ bù hē _____.　　我不喝_____。

척척! 단어 정복

빈칸에 알맞은 한자, 한어병음, 뜻을 쓰세요.

한자	한어병음	뜻
(1)	yòng	쓰다, 사용하다
微信	Wēixìn	(2)
(3)	ma	[문장 끝에서 의문을 나타냄]
这	zhè	(4)
(5)	de	~의
二维码	èrwéimǎ	(6)
信用卡	xìnyòngkǎ	(7)
现金	(8)	현금
(9)	Píngguǒ Shǒujī	아이폰
身份证	shēnfènzhèng	(10)
(11)	nánpéngyou	남자 친구
魅力	(12)	매력
加	(13)	더하다, 추가하다
(14)	ba	[문장 끝에서 제안, 명령, 부탁을 나타냄]
谢谢	(15)	감사합니다
(16)	bú kèqi	별말씀을요, 천만에요

쏙쏙! 패턴 정복

🎵 **핵심 패턴 1**과 **핵심 패턴 2**를 참고하여 문장을 완성하세요.

핵심 패턴 1 　　　　　　　　　　　　　　　　　　　🔊 06-02

　　　　니　용　　웨이신　마
　　　Nǐ yòng Wēixìn ma?　　你用微信吗?
　　　당신은 위챗을 사용하나요?

(1) 당신은 신용카드를 사용하나요?

　　Nǐ yòng _____ ma?　　你用 _____ 吗?

(2) 당신은 현금을 사용하나요?

　　Nǐ yòng _____ ma?　　你用 _____ 吗?

(3) 당신은 아이폰을 사용하나요?

　　Nǐ yòng _____ ma?　　你用 _____ 吗?

핵심 패턴 2 　　　　　　　　　　　　　　　　　　　🔊 06-03

　　　　쩌　스　워　더　　얼웨이마
　　　Zhè shì wǒ de èrwéimǎ.　　这是我的二维码。
　　　이건 저의 QR코드예요.

(1) 이건 저의 신분증이에요.

　　Zhè shì wǒ de _____.　　这是我的 _____ 。

(2) 이쪽은 저의 남자 친구예요.

　　Zhè shì wǒ de _____.　　这是我的 _____ 。

(3) 이건 저의 매력이에요.

　　Zhè shì wǒ de _____.　　这是我的 _____ 。

책책! 단어 정복

빈칸에 알맞은 한자, 한어병음, 뜻을 쓰세요.

한자	한어병음	뜻
天气	tiānqì	(1)
很	(2)	매우, 아주
(3)	lěng	춥다
晴	qíng	(4)
阴	(5)	(날씨가) 흐리다
(6)	rè	덥다
高兴	(7)	기쁘다
(8)	lèi	피곤하다
饿	è	(9)

쏙쏙! 패턴 정복

핵심 패턴 1과 **핵심 패턴 2**를 참고하여 문장을 완성하세요.

핵심 패턴 1   07-02

톈치   헌   하오
Tiānqì hěn hǎo.   天气很好。
날씨가 좋아요.

(1) 날씨가 맑아요.

　　Tiānqì hěn _____.　　天气很_____。

(2) 날씨가 흐려요.

　　Tiānqì hěn _____.　　天气很_____。

(3) 날씨가 더워요.

　　Tiānqì hěn _____.　　天气很_____。

핵심 패턴 2   07-03

워   뿌   렁
Wǒ bù lěng.   我不冷。
저는 춥지 않아요.

(1) 저는 기쁘지 않아요.

　　Wǒ bù _____.　　我不_____。

(2) 저는 피곤하지 않아요.

　　Wǒ bú _____.　　我不_____。

(3) 저는 배고프지 않아요.

　　Wǒ bú _____.　　我不_____。

책책! 단어 정복

빈칸에 알맞은 한자, 한어병음, 뜻을 쓰세요.

한자	한어병음	뜻
(1)	wǒmen	우리, 저희
酒店	(2)	호텔
(3)	yǒu	있다
没有	(4)	없다
密码	mìmǎ	(5)
健身房	jiànshēnfáng	(6)
(7)	yóuyǒngchí	수영장
桑拿浴	(8)	사우나
卫生纸	wèishēngzhǐ	(9)
(10)	sháozi	숟가락
筷子	(11)	젓가락

쏙쏙! 패턴 정복

🎯 **핵심 패턴 1**과 **핵심 패턴 2**를 참고하여 문장을 완성하세요.

핵심 패턴 1 08-02

워먼   지우뎬   여우   와이파이
Wǒmen jiǔdiàn yǒu Wi-Fi.   我们酒店有Wi-Fi。
저희 호텔은 와이파이가 있습니다.

(1) 저희 호텔은 헬스장이 있습니다.

   Wǒmen jiǔdiàn yǒu _____.   我们酒店有_____。

(2) 저희 호텔은 수영장이 있습니다.

   Wǒmen jiǔdiàn yǒu _____.   我们酒店有_____。

(3) 저희 호텔은 사우나가 있습니다.

   Wǒmen jiǔdiàn yǒu _____.   我们酒店有_____。

핵심 패턴 2 08-03

메이여우   미마
Méiyǒu mìmǎ.   没有密码。
비밀번호가 없습니다.

(1) 휴지가 없습니다.

   Méiyǒu _____.   没有_____。

(2) 숟가락이 없습니다.

   Méiyǒu _____.   没有_____。

(3) 젓가락이 없습니다.

   Méiyǒu _____.   没有_____。

책책! 단어 정복

빈칸에 알맞은 한자, 한어병음, 뜻을 쓰세요.

한자	한어병음	뜻
(1)	tāmen	그들
什么	(2)	무엇, 무슨
哪个	nǎge	(3)
(4)	hǎochī	맛있다
买	mǎi	(5)
拍	(6)	(사진을) 찍다
(7)	shuō	말하다
(8)	piàoliang	예쁘다
好用	(9)	쓰기 편하다
便宜	piányi	(10)
那	nà	(11)
东坡肉	(12)	동파육[음식 이름]
麻婆豆腐	mápódòufu	(13)
招牌菜	zhāopáicài	(14)

쏙쏙! 패턴 정복

🎵 **핵심 패턴 1**과 **핵심 패턴 2**를 참고하여 문장을 완성하세요.

핵심 패턴 1 09-02

　　타먼　　츠　　　션머
　　Tāmen chī shénme?　　他们吃什么?
　　그들은 무엇을 먹나요?

(1) 그들은 무엇을 사나요?

　　Tāmen _____ shénme?　　他们_____什么?

(2) 그들은 무엇을 찍나요?

　　Tāmen _____ shénme?　　他们_____什么?

(3) 그들은 뭐라고 말하나요?

　　Tāmen _____ shénme?　　他们_____什么?

핵심 패턴 2 09-03

　　나거　　하오츠
　　Năge hăochī?　　哪个好吃?
　　어느 것이 맛있어요?

(1) 어느 것이 예뻐요?

　　Năge _____?　　哪个_____?

(2) 어느 것이 쓰기 편해요?

　　Năge _____?　　哪个_____?

(3) 어느 것이 싸요?

　　Năge _____?　　哪个_____?

책책! 단어 정복

빈칸에 알맞은 한자, 한어병음, 뜻을 쓰세요.

한자	한어병음	뜻
要	(1)	원하다, 필요하다
(2)	yángròuchuàn	양꼬치
和	(3)	~과
啤酒	píjiǔ	(4)
牛肉	(5)	소고기
(6)	zěnmeyàng	어떠한가
三明治	sānmíngzhì	(7)
(8)	kāfēi	커피
麻辣烫	málàtàng	(9)
(10)	chǎofàn	볶음밥
炒面	(11)	볶음면
(12)	wèidào	맛
感觉	gǎnjué	(13)
(14)	dàxiǎo	사이즈
嗯	(15)	[동의를 나타냄]
问题	wèntí	(16)

쏙쏙! 패턴 정복

🎵 **핵심 패턴 1**과 **핵심 패턴 2**를 참고하여 문장을 완성하세요.

핵심 패턴 1　　　　　　　　　　　　　　　　　　🔊 10-02

　　　　워　　야오　　　　양러우촨　　　　허　　피지우
　　　　Wǒ yào yángròuchuàn hé píjiǔ.　　我要羊肉串**和**啤酒。
　　　　양꼬치**와** 맥주 주세요.

(1) 샌드위치와 커피 주세요.

　　　Wǒ yào _____.　　我要_____。

(2) 마라탕과 꿔바오러우 주세요.

　　　Wǒ yào _____.　　我要_____。

(3) 볶음밥과 볶음면 주세요.

　　　Wǒ yào _____.　　我要_____。

핵심 패턴 2　　　　　　　　　　　　　　　　　　🔊 10-03

　　　　니우러우　　　전머양
　　　　Niúròu zěnmeyàng?　　牛肉**怎么样**?
　　　　소고기는 **어때요**?

(1) 맛은 어때요?

　　　_____ **zěnmeyàng?**　　_____ 怎么样?

(2) 느낌은 어때요?

　　　_____ **zěnmeyàng?**　　_____ 怎么样?

(3) 사이즈는 어때요?

　　　_____ **zěnmeyàng?**　　_____ 怎么样?

DAY 11

책책! 단어 정복

빈칸에 알맞은 한자, 한어병음, 뜻을 쓰세요.

한자	한어병음	뜻
星巴克	Xīngbākè	(1)
在	(2)	~에 있다
哪儿	nǎr	(3)
(4)	wǎng	~을 향해
前	(5)	앞
(6)	zǒu	가다, 걷다
赛百味	Sàibǎiwèi	(7)
(8)	Jiālèfú	까르푸
宜家家居	Yíjiājiājū	(9)
(10)	dōng	동쪽
下	xià	(11)
右	(12)	오른쪽
拐	guǎi	(13)
(14)	qǐngwèn	말씀 좀 여쭙겠습니다, 실례합니다
远	yuǎn	(15)
近	(16)	가깝다

쏙쏙! 패턴 정복

핵심 패턴 1과 **핵심 패턴 2**를 참고하여 문장을 완성하세요.

핵심 패턴 1   11-02

싱빠커 짜이 날
Xīngbākè zài nǎr?   星巴克在哪儿?
스타벅스는 어디에 있나요?

(1) 서브웨이는 어디에 있나요?

_____ zài nǎr?   _____在哪儿?

(2) 까르푸는 어디에 있나요?

_____ zài nǎr?   _____在哪儿?

(3) 이케아는 어디에 있나요?

_____ zài nǎr?   _____在哪儿?

핵심 패턴 2   11-03

왕 첸 저우
Wǎng qián zǒu.   往前走。
앞으로 가세요.

(1) 동쪽으로 가세요.

Wǎng _____.   往_____。

(2) 아래로 가세요.

Wǎng _____.   往_____。

(3) 오른쪽으로 꺾으세요.

Wǎng _____.   往_____。

DAY 12

책책! 단어 정복

빈칸에 알맞은 한자, 한어병음, 뜻을 쓰세요.

한자	한어병음	뜻
(1)	tā	그녀
谁	(2)	누구
别	bié	(3)
开玩笑	kāi wánxiào	(4)
(5)	kàn	보다
等	(6)	기다리다
像	xiàng	(7)
(8)	jǐ	밀다
插队	(9)	새치기하다
绕路	rào lù	(10)
(11)	yǒumíng	유명하다
啊	(12)	[문장 끝에서 감탄 등을 나타냄]
知道	zhīdào	(13)

쏙쏙! 패턴 정복

핵심 패턴 1과 **핵심 패턴 2**를 참고하여 문장을 완성하세요.

핵심 패턴 1　　　　　　　　　　　　　　　　　　　　　　　　12-02

　　타　스　셰이
Tā shì shéi?　　她是谁?
그녀는 누구인가요?

(1) 그녀는 누구를 보나요?

　　Tā _____ shéi?　　她_____谁?

(2) 그녀는 누구를 기다리나요?

　　Tā _____ shéi?　　她_____谁?

(3) 그녀는 누구를 닮았나요?

　　Tā _____ shéi?　　她_____谁?

핵심 패턴 2　　　　　　　　　　　　　　　　　　　　　　　　12-03

　　니　베　카이　완샤오
Nǐ bié kāi wánxiào!　　你别开玩笑!
농담하지 마세요!

(1) 밀지 마세요!

　　Nǐ bié _____!　　你别_____!

(2) 새치기하지 마세요!

　　Nǐ bié _____!　　你别_____!

(3) 길을 돌아가지 마세요!

　　Nǐ bié _____!　　你别_____!

DAY 13

책책! 단어 정복

빈칸에 알맞은 한자, 한어병음, 뜻을 쓰세요.

한자	한어병음	뜻
(1)	yī	1, 하나
(2)	zhāng	장[넓고 평평한 물건을 세는 단위]
您	(3)	당신, 귀하
(4)	yíxià	좀 ~하다, 한번 ~해 보다
两	(5)	2, 둘
瓶	(6)	병
青岛啤酒	Qīngdǎo Píjiǔ	(7)
三	sān	(8)
(9)	bēi	잔
拿铁	nátiě	(10)
(11)	sì	4, 넷
件	(12)	벌[옷을 세는 단위]
(13)	yīfu	옷
尝	cháng	(14)
试	(15)	시도하다
(16)	zuò	앉다

쏙쏙! 패턴 정복

• **핵심 패턴 1**과 **핵심 패턴 2**를 참고하여 문장을 완성하세요.

핵심 패턴 1 🔊 13-02

    이   짱   이카통
Yì zhāng Yìkǎtōng.   一张一卡通。
이카통 한 장이요.

(1) 칭다오 맥주 두 병이요.

    _____.   _____。

(2) 라테 세 잔이요.

    _____.   _____。

(3) 옷 네 벌이요.

    _____.   _____。

핵심 패턴 2 🔊 13-03

    닌   덩   이샤
Nín děng yíxià.   您等一下。
좀 기다려 주세요.

(1) 좀 맛봐 보세요.

    Nín _____ yíxià.   您_____一下。

(2) 좀 시도해 보세요.

    Nín _____ yíxià.   您_____一下。

(3) 좀 앉아 보세요.

    Nín _____ yíxià.   您_____一下。

DAY 14

책책! 단어 정복

빈칸에 알맞은 한자, 한어병음, 뜻을 쓰세요.

한자	한어병음	뜻
(1)	jǐ	몇
位	(2)	분, 명
时候	shíhou	(3)
(4)	lái	오다
个	ge	(5)
天	(6)	날, 일
号线	hàoxiàn	(7)
(8)	qù	가다
(9)	kāi mén	문을 열다
下班	xiàbān	(10)
(11)	rén	사람
六	(12)	6, 여섯
点	diǎn	(13)

쏙쏙! 패턴 정복

🎯 **핵심 패턴 1**과 **핵심 패턴 2**를 참고하여 문장을 완성하세요.

핵심 패턴 1 🔊 14-02

지 웨이
Jǐ wèi? 几位?
몇 분이세요?

(1) 몇 개예요?

Jǐ _____ ?   几 _____ ?

(2) 며칠이요?

Jǐ _____ ?   几 _____ ?

(3) 몇 호선이에요?

Jǐ _____ ?   几 _____ ?

핵심 패턴 2 🔊 14-03

닌   션머   스허우   라이
Nín shénme shíhou lái? 您什么时候来?
당신은 언제 오나요?

(1) 당신은 언제 가나요?

Nín shénme shíhou _____ ?   您什么时候 _____ ?

(2) 당신은 언제 문을 여나요?

Nín shénme shíhou _____ ?   您什么时候 _____ ?

(3) 당신은 언제 퇴근하나요?

Nín shénme shíhou _____ ?   您什么时候 _____ ?

DAY 15

책책! 단어 정복

빈칸에 알맞은 한자, 한어병음, 뜻을 쓰세요.

한자	한어병음	뜻
(1)	zhège	이, 이것
多少	(2)	얼마
钱	qián	(3)
八	bā	(4)
十	shí	(5)
块	(6)	위안[중국의 화폐 단위]
(7)	qiánbāo	지갑
运动鞋	(8)	운동화
行李箱	xínglixiāng	(9)
二	(10)	2, 둘
百	(11)	100, 백
五	(12)	5, 다섯
零	líng	(13)
(14)	jiǔ	9, 아홉
腰带	yāodài	(15)

쏙쏙! 패턴 정복

🌟 **핵심 패턴 1**과 **핵심 패턴 2**를 참고하여 문장을 완성하세요.

핵심 패턴 1 🎧 15-02

쩌거   뚜어샤오   첸
Zhège duōshao qián?   这个多少钱?
이거 얼마예요?

(1) 지갑 얼마예요?
_____ duōshao qián?   _____ 多少钱?

(2) 운동화 얼마예요?
_____ duōshao qián?   _____ 多少钱?

(3) 캐리어 얼마예요?
_____ duōshao qián?   _____ 多少钱?

핵심 패턴 2 🎧 15-03

빠스   콰이
Bāshí kuài.   八十块。
80위안이요.

(1) 20위안이요.
_____ kuài.   _____ 块。

(2) 150위안이요.
_____ kuài.   _____ 块。

(3) 209위안이요.
_____ kuài.   _____ 块。

DAY 16

책책! 단어 정복

빈칸에 알맞은 한자, 한어병음, 뜻을 쓰세요.

한자	한어병음	뜻
(1)	zěnme	어떻게
外滩	(2)	와이탄[상하이 황푸강변 일대의 지명]
公交车	gōngjiāochē	(3)
天安门	(4)	천안문
兵马俑	Bīngmǎyǒng	(5)
东方明珠	Dōngfāngmíngzhū	(6)
(7)	dìtiě	지하철
出租车	(8)	택시
班车	bānchē	(9)
路	(10)	노선
(11)	qī	7, 일곱

쏙쏙! 패턴 정복

🔸 **핵심 패턴 1**과 **핵심 패턴 2**를 참고하여 문장을 완성하세요.

핵심 패턴 1   🔊 16-02

    전머   취   와이탄
Zěnme qù Wàitān?   怎么去外滩?
와이탄은 어떻게 가나요?

(1) 천안문은 어떻게 가나요?

    Zěnme qù _____?   怎么去 _____?

(2) 병마용은 어떻게 가나요?

    Zěnme qù _____?   怎么去 _____?

(3) 동방명주는 어떻게 가나요?

    Zěnme qù _____?   怎么去 _____?

핵심 패턴 2   🔊 16-03

    쭤   꽁쨔오처   취
Zuò gōngjiāochē qù.   坐公交车去。
버스를 타고 가요.

(1) 지하철을 타고 가요.

    Zuò _____ qù.   坐 _____ 去。

(2) 택시를 타고 가요.

    Zuò _____ qù.   坐 _____ 去。

(3) 셔틀버스를 타고 가요.

    Zuò _____ qù.   坐 _____ 去。

DAY 17

책책! 단어 정복

빈칸에 알맞은 한자, 한어병음, 뜻을 쓰세요.

한자	한어병음	뜻
(1)	zài	~에서
这儿	zhèr	(2)
票	(3)	표
(4)	qǐng	~해 주세요
排队	páiduì	(5)
打车	dǎchē	(6)
(7)	tíngchē	차를 세우다
签字	qiānzì	(8)
安静	(9)	조용하다
慢	màn	(10)
点儿	diǎnr	(11)
(12)	kuài	빠르다

쏙쏙! 패턴 정복

🎵 **핵심 패턴 1**과 **핵심 패턴 2**를 참고하여 문장을 완성하세요.

핵심 패턴 1　　　　　　　　　　　　　　　　　　　🔊 17-02

　　　짜이　 쩔　　마이　 퍄오
　　Zài zhèr mǎi piào.　　**在**这儿买票。
　　여기**에서** 표를 사세요.

(1) 여기에서 택시를 타세요.

　　Zài zhèr _____.　　在这儿_____。

(2) 여기에 차를 세우세요.

　　Zài zhèr _____.　　在这儿_____。

(3) 여기에 사인하세요.

　　Zài zhèr _____.　　在这儿_____。

핵심 패턴 2　　　　　　　　　　　　　　　　　　　🔊 17-03

　　　칭　　파이뛔이
　　Qǐng páiduì.　　**请**排队。
　　줄을 서 **주세요**.

(1) 조용히 해 주세요.

　　Qǐng _____.　　请_____。

(2) 조금 천천히 해 주세요.

　　Qǐng _____.　　请_____。

(3) 조금 빨리 해 주세요.

　　Qǐng _____.　　请_____。

DAY 18

책책! 단어 정복

빈칸에 알맞은 한자, 한어병음, 뜻을 쓰세요.

한자	한어병음	뜻
(1)	huì	~할 줄 알다
打	(2)	치다, (놀이·운동을) 하다
乒乓球	pīngpāngqiú	(3)
(4)	gěi	~에게
(5)	Hànyǔ	중국어
冲浪	chōnglàng	(6)
(7)	zuò	만들다
麻辣香锅	málàxiāngguō	(8)
(9)	tīng	듣다
找	(10)	찾다
推荐	tuījiàn	(11)
哇	wā	(12)
(13)	zhēn	정말, 진짜
棒	(14)	대단하다, 뛰어나다

쏙쏙! 패턴 정복

핵심 패턴 1과 **핵심 패턴 2**를 참고하여 문장을 완성하세요.

핵심 패턴 1 18-02

워 훼이 다 핑팡치우
Wǒ huì dǎ pīngpāngqiú.   我会打乒乓球。
저는 탁구를 칠 줄 알아요.

(1) 저는 중국어를 할 줄 알아요.

　　Wǒ huì _____.   我会_____。

(2) 저는 서핑할 줄 알아요.

　　Wǒ huì _____.   我会_____。

(3) 저는 마라샹궈를 만들 줄 알아요.

　　Wǒ huì _____.   我会_____。

핵심 패턴 2 18-03

워 게이 니 칸 이샤
Wǒ gěi nǐ kàn yíxià.   我给你看一下。
제가 당신에게 좀 보여 줄게요.

(1) 제가 당신에게 좀 들려줄게요.

　　Wǒ gěi nǐ _____ yíxià.   我给你_____一下。

(2) 제가 당신에게 좀 찾아 줄게요.

　　Wǒ gěi nǐ _____ yíxià.   我给你_____一下。

(3) 제가 당신에게 좀 추천해 줄게요.

　　Wǒ gěi nǐ _____ yíxià.   我给你_____一下。

책책! 단어 정복

빈칸에 알맞은 한자, 한어병음, 뜻을 쓰세요.

한자	한어병음	뜻
(1)	xiǎng	~하고 싶다
按摩	(2)	안마, 마사지
(3)	xīngqīyī	월요일
睡觉	shuìjiào	(4)
退税	(5)	세금을 환급받다
夜景	(6)	야경
休息	xiūxi	(7)
(8)	huí guó	귀국하다
出发	chūfā	(9)
今天	jīntiān	(10)
非常	(11)	굉장히, 아주
(12)	duō	많다
明天	míngtiān	(13)

쏙쏙! 패턴 정복

🔸 **핵심 패턴 1**과 **핵심 패턴 2**를 참고하여 문장을 완성하세요.

핵심 패턴 1 　　　　　　　　　　　　　　　19-02

　　워　　샹　　쭤　　안모
Wǒ xiǎng zuò ànmó.　　我想做按摩。
저는 마사지를 받고 싶어요.

(1) 저는 자고 싶어요.

　　Wǒ xiǎng _____.　　我想_____。

(2) 저는 세금을 환급받고 싶어요.

　　Wǒ xiǎng _____.　　我想_____。

(3) 저는 야경을 보고 싶어요.

　　Wǒ xiǎng _____.　　我想_____。

핵심 패턴 2 　　　　　　　　　　　　　　　19-03

　　워　　　싱치이　　라이
Wǒ xīngqīyī lái.　　我星期一来。
저는 월요일에 와요.

(1) 저는 월요일에 쉬어요.

　　Wǒ xīngqīyī _____.　　我星期一_____。

(2) 저는 월요일에 귀국해요.

　　Wǒ xīngqīyī _____.　　我星期一_____。

(3) 저는 월요일에 출발해요.

　　Wǒ xīngqīyī _____.　　我星期一_____。

책책! 단어 정복

빈칸에 알맞은 한자, 한어병음, 뜻을 쓰세요.

한자	한어병음	뜻
(1)	kěyǐ	~해도 된다
拍照	(2)	사진 찍다
太……了	tài …… le	(3)
可惜	kěxī	(4)
抽烟	chōu yān	(5)
(6)	dài zǒu	포장하다
退款	tuìkuǎn	(7)
(8)	dà	크다
小气	(9)	치사하다
对不起	duìbuqǐ	(10)
(11)	shì	그렇다, 맞다

쏙쏙! 패턴 정복

🌱 **핵심 패턴 1**과 **핵심 패턴 2**를 참고하여 문장을 완성하세요.

핵심 패턴 1   🎧 20-02

뿌　커이　파이짜오
Bù kěyǐ pāizhào.　不**可以**拍照。
사진 찍으면 안 **됩니다**.

(1) 담배를 피우면 안 됩니다.

　　Bù kěyǐ _____.　　不可以 _____ 。

(2) 포장은 안 됩니다.

　　Bù kěyǐ _____.　　不可以 _____ 。

(3) 환불은 안 됩니다.

　　Bù kěyǐ _____.　　不可以 _____ 。

핵심 패턴 2   🎧 20-03

타이　커시　러
Tài kěxī le!　**太**可惜**了**!
너무 아쉬워요!

(1) 너무 커요!

　　Tài _____ le!　　太 _____ 了!

(2) 너무 멀어요!

　　Tài _____ le!　　太 _____ 了!

(3) 너무 치사해요!

　　Tài _____ le!　　太 _____ 了!

워크북 정답

DAY 04

첵첵! 단어 정복 — 2쪽

(1) 나, 저　(2) 是　(3) bù　(4) 中国人　(5) Hánguórén　(6) 外国人
(7) 관광객　(8) bèndàn　(9) 坏人　(10) 직장인　(11) 你　(12) hǎo
(13) 미안하다

쑥쑥! 패턴 정복 — 3쪽

핵심 패턴 1　(1) Hánguórén 韩国人　(2) wàiguórén 外国人　(3) yóukè 游客
핵심 패턴 2　(1) bèndàn 笨蛋　(2) huàirén 坏人　(3) shàngbānzú 上班族

DAY 05

첵첵! 단어 정복 — 4쪽

(1) 吃　(2) 햄버거　(3) hē　(4) 可乐　(5) 油条　(6) 饺子
(7) cháyèdàn　(8) xuěbì　(9) 果汁　(10) 버블밀크티　(11) ne　(12) 감자튀김
(13) 好

쑥쑥! 패턴 정복 — 5쪽

핵심 패턴 1　(1) yóutiáo 油条　(2) jiǎozi 饺子　(3) cháyèdàn 茶叶蛋
핵심 패턴 2　(1) xuěbì 雪碧　(2) guǒzhī 果汁　(3) zhēnzhū nǎichá 珍珠奶茶

DAY 06

첵첵! 단어 정복 — 6쪽

(1) 用　(2) 위챗　(3) 吗　(4) 이, 이것　(5) 的　(6) QR코드
(7) 신용카드　(8) xiànjīn　(9) 苹果手机　(10) 신분증　(11) 男朋友　(12) mèilì
(13) jiā　(14) 吧　(15) xièxie　(16) 不客气

쑥쑥! 패턴 정복 — 7쪽

핵심 패턴 1　(1) xìnyòngkǎ 信用卡　(2) xiànjīn 现金　(3) Píngguǒ Shǒujī 苹果手机
핵심 패턴 2　(1) shēnfènzhèng 身份证　(2) nánpéngyou 男朋友　(3) mèilì 魅力

DAY 07

책책! 단어 정복 ·· 8쪽

(1) 날씨 (2) hěn (3) 冷 (4) (날씨가) 맑다 (5) yīn (6) 热
(7) gāoxìng (8) 累 (9) 배고프다

쑥쑥! 패턴 정복 ·· 9쪽

핵심패턴1 (1) qíng 晴 (2) yīn 阴 (3) rè 热
핵심패턴2 (1) gāoxìng 高兴 (2) lèi 累 (3) è 饿

DAY 08

책책! 단어 정복 ·· 10쪽

(1) 我们 (2) jiǔdiàn (3) 有 (4) méiyǒu (5) 비밀번호 (6) 헬스장
(7) 游泳池 (8) sāngnáyù (9) 휴지 (10) 勺子 (11) kuàizi

쑥쑥! 패턴 정복 ·· 11쪽

핵심패턴1 (1) jiànshēnfáng 健身房 (2) yóuyǒngchí 游泳池 (3) sāngnáyù 桑拿浴
핵심패턴2 (1) wèishēngzhǐ 卫生纸 (2) sháozi 勺子 (3) kuàizi 筷子

DAY 09

책책! 단어 정복 ·· 12쪽

(1) 他们 (2) shénme (3) 어느, 어떤 것 (4) 好吃 (5) 사다 (6) pāi
(7) 说 (8) 漂亮 (9) hǎoyòng (10) 싸다 (11) 저, 저것 (12) dōngpōròu
(13) 마파두부 (14) 간판 요리

쑥쑥! 패턴 정복 ·· 13쪽

핵심패턴1 (1) mǎi 买 (2) pāi 拍 (3) shuō 说
핵심패턴2 (1) piàoliang 漂亮 (2) hǎoyòng 好用 (3) piányi 便宜

DAY 10

책책! 단어 정복 ·· 14쪽

(1) yào (2) 羊肉串 (3) hé (4) 맥주 (5) niúròu (6) 怎么样
(7) 샌드위치 (8) 咖啡 (9) 마라탕 (10) 炒饭 (11) chǎomiàn (12) 味道
(13) 느낌 (14) 大小 (15) ǹg (16) 문제

쏙쏙! 패턴 정복 ----- 15쪽

핵심 패턴 1 (1) sānmíngzhì hé kāfēi 三明治和咖啡　　(2) málàtàng hé guōbāoròu 麻辣烫和锅包肉
(3) chǎofàn hé chǎomiàn 炒饭和炒面

핵심 패턴 2 (1) Wèidào 味道　　(2) Gǎnjué 感觉　　(3) Dàxiǎo 大小

DAY 11

책책! 단어 정복 ----- 16쪽

(1) 스타벅스　(2) zài　(3) 어디　(4) 往　(5) qián　(6) 走
(7) 서브웨이　(8) 家乐福　(9) 이케아　(10) 东　(11) 아래　(12) yòu
(13) 꺾다　(14) 请问　(15) 멀다　(16) jìn

쏙쏙! 패턴 정복 ----- 17쪽

핵심 패턴 1 (1) Sàibǎiwèi 赛百味　　(2) Jiālèfú 家乐福　　(3) Yíjiājiājū 宜家家居

핵심 패턴 2 (1) dōng zǒu 东走　　(2) xià zǒu 下走　　(3) yòu guǎi 右拐

DAY 12

책책! 단어 정복 ----- 18쪽

(1) 她　(2) shéi　(3) ~하지 마라　(4) 농담하다　(5) 看　(6) děng
(7) 닮다　(8) 挤　(9) chāduì　(10) 길을 돌아가다　(11) 有名　(12) a
(13) 알다

쏙쏙! 패턴 정복 ----- 19쪽

핵심 패턴 1 (1) kàn 看　　(2) děng 等　　(3) xiàng 像

핵심 패턴 2 (1) jǐ 挤　　(2) chāduì 插队　　(3) rào lù 绕路

DAY 13

책책! 단어 정복 ----- 20쪽

(1) 一　(2) 张　(3) nín　(4) 一下　(5) liǎng　(6) píng
(7) 칭다오 맥주　(8) 3, 셋　(9) 杯　(10) 라테　(11) 四　(12) jiàn
(13) 衣服　(14) 맛보다　(15) shì　(16) 坐

쏙쏙! 패턴 정복 ----- 21쪽

핵심 패턴 1 (1) Liǎng píng Qīngdǎo Píjiǔ 两瓶青岛啤酒　　(2) Sān bēi nátiě 三杯拿铁
(3) Sì jiàn yīfu 四件衣服

핵심 패턴 2 (1) cháng 尝　　(2) shì 试　　(3) zuò 坐

워크북 정답

DAY 14

책책! 단어 정복 ──────────────────────────── 22쪽

(1) 几 (2) wèi (3) 때, 시각 (4) 来 (5) 개, 명 (6) tiān
(7) 호선 (8) 去 (9) 开门 (10) 퇴근하다 (11) 人 (12) liù
(13) 시

쏙쏙! 패턴 정복 ──────────────────────────── 23쪽

핵심 패턴 1 (1) ge 个 (2) tiān 天 (3) hàoxiàn 号线
핵심 패턴 2 (1) qù 去 (2) kāi mén 开门 (3) xiàbān 下班

DAY 15

책책! 단어 정복 ──────────────────────────── 24쪽

(1) 这个 (2) duōshao (3) 돈 (4) 8, 여덟 (5) 10, 열 (6) kuài
(7) 钱包 (8) yùndòngxié (9) 캐리어 (10) èr (11) bǎi (12) wǔ
(13) 0, 영 (14) 九 (15) 벨트

쏙쏙! 패턴 정복 ──────────────────────────── 25쪽

핵심 패턴 1 (1) Qiánbāo 钱包 (2) Yùndòngxié 运动鞋 (3) Xínglixiāng 行李箱
핵심 패턴 2 (1) Èrshí 二十 (2) Yìbǎi wǔshí 一百五十 (3) Liǎngbǎi líng jiǔ 两百零九

DAY 16

책책! 단어 정복 ──────────────────────────── 26쪽

(1) 怎么 (2) Wàitān (3) 버스 (4) Tiān'ān Mén (5) 병마용 (6) 동방명주
(7) 地铁 (8) chūzūchē (9) 셔틀버스 (10) lù (11) 七

쏙쏙! 패턴 정복 ──────────────────────────── 27쪽

핵심 패턴 1 (1) Tiān'ān Mén 天安门 (2) Bīngmǎyǒng 兵马俑 (3) Dōngfāngmíngzhū 东方明珠
핵심 패턴 2 (1) dìtiě 地铁 (2) chūzūchē 出租车 (3) bānchē 班车

DAY 17

책책! 단어 정복 ──────────────────────────── 28쪽

(1) 在 (2) 여기, 이곳 (3) piào (4) 请 (5) 줄을 서다 (6) 택시를 타다
(7) 停车 (8) 사인하다 (9) ānjìng (10) 느리다 (11) 좀, 약간 (12) 快

쏙쏙! 패턴 정복 -------- 29쪽

핵심패턴1 (1) dǎchē 打车   (2) tíngchē 停车   (3) qiānzì 签字
핵심패턴2 (1) ānjìng 安静   (2) màn diǎnr 慢点儿   (3) kuài diǎnr 快点儿

DAY 18

책책! 단어 정복 -------- 30쪽

(1) 会   (2) dǎ   (3) 탁구   (4) 给   (5) 汉语   (6) 서핑하다
(7) 做   (8) 마라샹궈   (9) 听   (10) zhǎo   (11) 추천하다   (12) 와, 우와
(13) 真   (14) bàng

쏙쏙! 패턴 정복 -------- 31쪽

핵심패턴1 (1) shuō Hànyǔ 说汉语   (2) chōnglàng 冲浪   (3) zuò máláxiāngguō 做麻辣香锅
핵심패턴2 (1) tīng 听   (2) zhǎo 找   (3) tuījiàn 推荐

DAY 19

책책! 단어 정복 -------- 32쪽

(1) 想   (2) ànmó   (3) 星期一   (4) 자다   (5) tuìshuì   (6) yèjǐng
(7) 쉬다   (8) 回国   (9) 출발하다   (10) 오늘   (11) fēicháng   (12) 多
(13) 내일

쏙쏙! 패턴 정복 -------- 33쪽

핵심패턴1 (1) shuìjiào 睡觉   (2) tuìshuì 退税   (3) kàn yèjǐng 看夜景
핵심패턴2 (1) xiūxi 休息   (2) huí guó 回国   (3) chūfā 出发

DAY 20

책책! 단어 정복 -------- 34쪽

(1) 可以   (2) pāizhào   (3) 너무 ~하다   (4) 아쉽다   (5) 담배를 피우다   (6) 带走
(7) 환불하다   (8) 大   (9) xiǎoqì   (10) 미안하다   (11) 是

쏙쏙! 패턴 정복 -------- 35쪽

핵심패턴1 (1) chōu yān 抽烟   (2) dài zǒu 带走   (3) tuìkuǎn 退款
핵심패턴2 (1) dà 大   (2) yuǎn 远   (3) xiǎoqì 小气